tramonto

afonso arinos, filho

tramonto

Copyright © Afonso Arinos, filho

Todos os direitos desta edição reservados à
Editora Objetiva Ltda.
Rua Cosme Velho, 103
Rio de Janeiro – RJ – Cep: 22241-090
Tel.: (21) 2199-7824 – Fax: (21) 2199-7825
www.objetiva.com.br

CAPA
Simone Villas-Boas

IMAGEM DE CAPA
Getty Images

REVISÃO
Ana Kronemberger
Tamara Sender

EDITORAÇÃO ELETRÔNICA
Abreu's System Ltda.

CIP-BRASIL. CATALOGAÇÃO NA PUBLICAÇÃO
SINDICATO NACIONAL DOS EDITORES DE LIVROS, RJ

A747t

    Arinos, filho, Afonso
        Tramonto / Afonso Arinos, filho. – 1. ed. – Rio de Janeiro: Objetiva, 2013.

        188 p. ; 23 cm.
        ISBN 978-85-390-0501-7

        1. Arinos, filho, Afonso, 1930- 2. Políticos – Brasil – Biografia. I. Título.

13-01555   CDD: 923.2
                                                            CDU: 929:32

"*Tramonto: crepuscolo, vespero, occaso;*
il tramonto del sole, della gloria, della vita."
FERNANDO PALAZZI, *Nuovissimo dizionario della lingua italiana*

"*A solidão é fria, e é fria a noite da lembrança.*"
RIBEIRO COUTO, *Elegia de Wassenaar*

Apresentação

Flávio Tavares

Este livro nos leva através dos montes, numa crônica de costumes do Rio e de Minas, ou do Brasil inteiro. Narradas ao longo de histórias familiares, aqui está, até, a antiga geografia urbana que o "progresso" fez desaparecer — da Chácara do Peixoto (atrás de Copacabana) até Barra da Vaca.

Poucos podem ter o privilégio de, ao narrar a história familiar ou contar da infância, adolescência e vida adulta, descrever também a História político-social do país. E este é o caso de Afonso Arinos de Melo Franco com *Tramonto*.

Além de tudo, na leitura, somos levados a agradecer pelos exemplos de vida que ele nos dá — pela comovedora descrição da inquebrantável união amorosa com Bia, que inicia o livro e o permeia ao longo, até, da maior das tragédias, que é os pais perderem um filho. Mas os problemas valorizam a vida, com eles o amor se desenvolve e é posto à prova. E assim, no fundo, Bia é a personagem constante, até nos episódios em que está ausente, ou que não assistiu ou jamais conheceu.

Tudo neste livro é atraente. As histórias pessoais têm um tom universal e amplo. Levam a pensar e meditar até no irônico. Desde a observação sobre os diferentes calçados de dois papas — as sapatilhas de veludo vermelho com aplicações em ouro de Pio XII e os mocassins surrados de João Paulo II — até a frase-vaticínio de João XXIII na audiência de despedida: "Já não me encontrarão!"

As ironias fazem rir, mas com seriedade profunda, tal qual a história do Ascenso Ferreira ao preferir o Cordeiro de Farias "capador de padre" ao Cordeiro general e governador de Pernambuco. O quadro se completa com a explicação do Cordeiro, anos depois, contando da Coluna Prestes.

Este livro magnífico é, também, terno. Pedro Nava haverá de gostar dele, pois sabia de memórias e de memorialística mais do que qualquer um. Di Cavalcanti vai ver nele uma pintura tão profunda de tudo, que até perdoará o autor por "deixá-lo mal", ao mesmo tempo, com o partido (comunista) e com a Igreja...

Toda a sociedade brasileira está aqui, em diversos momentos, descrita sempre através do *Mirante* familiar. Por ser história vivida nas entranhas, é o mais belo de tudo o que Afonso escreveu. Haverá algo mais terno, profundo e poético do que a rápida descrição da infância em que o menininho-neto diz que, quando se casar, quer casar-se com o vovô Cesário?

No século XX, em Brasília e no Rio, todos chamávamos Afonso Arinos pelo diminutivo onomástico, não só para distingui-lo do pai mas — mais do que tudo — para definir alguém que, em si mesmo, é intrinsecamente afetuoso e afável. Hoje, ao ler este livro, percebo que nos equivocávamos ao chamá-lo carinhosamente de Afonsinho, pois devíamos havê-lo tratado, sempre, como "o grande Afonso". E dizer "obrigado por *Tramonto*", este *Trás-os-montes* do nosso idioma, que aqui não é um ocaso, mas — sim — um renascer.

Ou o próprio nascimento, de uma forma narrativa em que o passado torna-se novo e tudo atrai e leva a meditar.

Vida (bem) vivida

Merval Pereira

Mais recente livro de Afonso Arinos, este *Tramonto* começa e termina com uma homenagem à sua inesquecível Beatriz, "rosa do meu coração", que amava as flores, as rosas sobretudo, e vendo os versos de Ribeiro Couto, exclamou com a espontaneidade que lhe era habitual: "Essa poesia foi feita para mim!" Afonso não se fez de rogado e dedicou o livro, assim como o poema, a ela que, quase ao final, descreve assim: "Foi a companheira inseparável, indispensável, insubstituível, atenta, solidária por toda a nossa vida doméstica, familiar, social e profissional, na diplomacia e na política."

Tamanha delicadeza de alma condiz bem com a narrativa de uma vida plena de realizações, que o colocou não por acaso nos principais acontecimentos do país e do mundo. Foi deputado estadual e federal, diplomata em postos estratégicos como os Estados Unidos, embaixador na Holanda, na Venezuela, na Bolívia, e, sobretudo, no Vaticano, onde gostaria de ter encerrado a carreira, como bom católico.

A vida não o poupou de grandes dissabores, como a morte do filho Virgílio, eletrocutado em uma piscina aos 5 anos, mas proporcionou grandes alegrias, sobretudo as mais simples, que ele descreve com pureza de alma neste livro de memórias, desde a casa na beira de um lago na Suíça até as refeições dominicais com parentes em Botafogo, relações que ele cultiva com o carinho de quem sabe a importância dos laços de família.

Se descreve a árvore genealógica de alguém, há sempre um interesse histórico ou político além do mero desfile de sobrenomes. Como nessa passagem: "Conduzidos por Gilberto Chateaubriand desde Paris, onde ele servia, fomos ao casamento (...) do meu primo e futuro coavô Márcio Moreira Alves, o Marcito, com Marie de Preaulx. A noiva, filha do marquês de Preaulx, descendia, pela mãe, da mais alta nobreza europeia. Era Bragança por D. Pedro I e sua filha, a princesa Januária, e Habsburgo pela esposa de D. Pedro, Leopoldina, arquiduquesa d'Áustria, primeira imperatriz do Brasil; Bourbon de Espanha por Carlota Joaquina, mãe de D. Pedro, e Bourbon das Duas Sicílias pelo marido de Januária, o conde d'Aquila, irmão da terceira imperatriz do Brasil, Teresa Cristina, ambos filhos dos reis de Nápoles. Sou avô de Sophie, linda neta de Marie."

Em outra passagem, cita a casa na rua Senador Vergueiro onde morou o presidente Rodrigues Alves, avô de Anah, sua mãe. Com razão, reclama que a casa foi demolida, em vez de tornar-se um museu. Compartilho dessa indignação, por motivo mais fútil, pois passei minha infância toda com a garantia de meu pai de que aquela casa era tombada e que não perderíamos nunca a vista no apartamento em que morávamos, na rua Marquês de Abrantes, de fundos. No dia em que as máquinas começaram a demolir a casa, foi um trauma na família.

Filho do grande político e escritor Afonso Arinos, sempre esteve ao lado do pai, e acrescentou o "filho" ao nome quando era deputado federal ao mesmo tempo em que ele era senador. O orgulho pelo fato de o pai ter sido o autor da primeira lei contra a discriminação racial no país, a conhecida Lei Afonso Arinos — depois que um motorista da família, negro, foi barrado na Confeitaria Colombo —, é evidente durante toda a narrativa, sempre pontuada pela preocupação com os mais necessitados.

Não há em toda a narrativa nenhuma dificuldade em conviver com tão glorioso pai, e Afonso Arinos, filho, sempre encontrou seu espaço próprio de ação dentro da política e da diplomacia. A vocação para a diplomacia nasceu ao acompanhar a Segunda Guerra Mundial pelos jornais da época, dos 9 aos 15 anos.

O pai contava histórias da Primeira Guerra, para que tivesse informações adicionais, e ele seguia atento os mapas que o *Correio da Manhã* publicava com a posição das tropas. A tal ponto se interessava que deu o nome de Raf a um cãozinho abandonado que levou para casa, em homenagem à Royal Air Force inglesa.

A narrativa de *Tramonto* mostra em pequenos detalhes a posição política do autor. Getúlio é classificado certa vez como "ventrudo", e depois como tendo uma "mão gorda e peluda". Um acordo de energia atômica com os Estados Unidos, que criticou, tem além de tudo o defeito de, já àquela altura, chamar de "planta" uma fábrica, coisa que se tornaria corriqueira nos dias de hoje, mas que o futuro membro da Academia Brasileira de Letras já considerava absurdo.

Na Escola Superior de Guerra, encostado durante a gestão do chanceler Azeredo da Silveira, pôde marcar posição contra o AI-5 em um trabalho. E embaixador na Bolívia, deu asilo à mulher e à filha do presidente eleito Siles Zuazo, derrubado por um golpe militar. Ali, aliás, surgiu o primeiro general boliviano claramente ligado ao narcotráfico, García Meza, que foi capa da revista *Time* assim identificado.

Afonso Arinos conviveu com praticamente todos os políticos importantes da vida brasileira, e cita especialmente Carlos Lacerda, com quem rompeu relações pelas críticas feitas com agressividade à política externa independente que seu pai adotou à frente do Ministério das Relações Exteriores do governo Jânio Quadros. O que não o impediu de prestar-lhe solidariedade pessoalmente quando sofreu um atentado que matou o major Rubem Vaz e atingiu o político com um tiro no pé.

Lembra-se de que, rompido com Lacerda, recebia telefonemas noturnos com xingamentos, o que o obrigava a trocar de número quase toda semana. Eram as "mal-amadas" em ação, versão *avant la lettre* dos radicais que hoje usam o anonimato da internet para atacar seus adversários.

Mas o espírito artístico de Afonso Arinos não o limitava à política ou à diplomacia. Tinha grandes amigos nos meios intelectuais, a começar pelos colegas diplomatas Vinicius de Moraes, João Cabral de Mello Neto e Guimarães Rosa, passando por Rubem Braga, Fernando Sabino, Otto Lara Resende, Manuel Bandeira, Carlos Castello Branco e por aí adiante. Fez muitas amizades nos mais de trinta anos em que passou no exterior na carreira diplomática. Especialmente na Itália, onde conheceu o poeta Giuseppe Ungaretti, os prosadores Alberto Moravia e Ignazio Silone, os pintores Giorgio De Chirico e Giorgio Morandi.

E estava em Washington quando três grandes acontecimentos afetaram de maneira decisiva a vida política americana: o fim da Guerra do Vietnã, a abertura para a China e o escândalo de Watergate, que culminou com a renúncia de Nixon. Fantasiado de hippie, para não ser identificado como diplomata, participou com sua Bia de manifestações contra a Guerra do Vietnã. E tinha fontes de informações fora do circuito oficial, que lhe permitiam fazer relatos mais fidedignos sobre o futuro de Nixon para o Itamaraty. Este *Tramonto*, antes de ser o relato no ocaso de uma vida, é a revelação de uma vida que valeu a pena ser vivida.

A BIA

Beatriz viu os versos de Ribeiro Couto abertos sobre a mesa, e exclamou: "Essa poesia foi feita para mim!" Ela amava as flores, as rosas sobretudo. Assim, dedico *Tramonto*, com o poema, a Bia, rosa do meu coração.

> Rosa a pender do galho arisco
> Do alto de um muro de quintal,
> Que assim, por sua conta e risco,
> Preferiu a rua ao rosal,
>
> Rosa que mesmo ao sol e ao vento
> Guarda no calor matinal
> O orvalho da noite ao relento,
> Rosa social.
>
> Rosa para todos aberta,
> Mão rica de sangue e de vida
> A todos no galho estendida
> E qualquer outra mão aperta.

Tramonto

Rosa social,
Em pessoa alguma que passe
Não vê distinção de classe,
O mesmo vale cada qual.

Rosa do grande e do pequeno,
De poderosos ou mendigos,
Rosa a buscar olhos amigos
E só de amigos quer o aceno.

Rosa feliz de ser social,
De não ser coisa rica ou forte,
De não ser outra a sua sorte
No chão do mundo natural.

Rosa a florir tijolo e cal
Na aspereza do muro urbano,
Só inveja as de todo-o-ano
Em sebes da zona rural.

Quando a desfolhar-se no vento,
Perdido o viço, o aroma e a cor,
Um dia enfim, pelo sol-pôr,
Perder também o último alento,

Talvez haja na multidão
Quem, para não magoar feridas,
Não pise as pétalas caídas,
Rosa do meu coração.

Não sei onde vão parar estas lembranças. Se é que chegarão a algum lugar. Tenciono juntá-las ao acaso, na medida em que me ocorram, sem ordem cronológica mais precisa. Lembra-me haver indagado um dia a Pedro Nava como imaginava encerrar suas memórias, e ele respondeu: "Ao concluir uma frase, anotarei que, a partir deste ponto, o autor ficou gagá." Não pretendo ir tão longe. Minha intenção é apenas recordar o lado humano das situações. Sem dissertar, argumentar, divagar, citar obras alheias. Tudo isso ficou em outros escritos.

Penso em Nava me aconselhando durante uma crise sentimental: "Fazer os outros sofrerem não é o papel." Quando Beatriz e eu perdemos Virgílio, nosso filhinho primogênito, às vésperas de cumprir 6 anos, ele recomendou-me: "Entrega esse menino, Afonso." A Bia, indicou um paciente seu, monge beneditino de quem era médico reumatologista, para ampará-la espiritualmente naquele transe.

Antonieta Penido, a Nieta, sua esposa, foi madrinha de minha filha Sílvia, e Nava seu padrinho putativo. Sílvia sempre o chamou de tio Nava.

No dia em que Nava cumpria 50 anos, eu aguardava, no terraço ao ar livre de um hotel na praia de Copacabana, o momento de ir visitá-lo, quando ali encontrei Coutinho Cavalcanti, médico e deputado, seu grande amigo, que fazia hora pelo mesmo motivo. Conversávamos quando apareceram dois mendigos. Um deles era o Paraíba. Tocavam cavaquinho, para ganhar uns trocados. Cavalcanti chamou-os à nossa mesa. Ficamos bebericando, até que ele sugeriu: "Vamos levá-los à casa do Nava?"

E assim fizemos. À entrada do edifício na Glória, encontramos Vinicius de Moraes e Lila Bôscoli, que amaram a iniciativa. Vinicius já havia escrito e musicado a *Balada a Pedro Nava*. Este ficou radiante com a surpresa. Os mendigos tocavam bem, animando a festa, para desgosto de Nieta, dona da casa, a quem aqueles hóspedes não convidados, sujos, malvestidos e malcheirosos, desagradaram profundamente.

Nava visitou-nos em 1958, quando eu servia pela primeira vez em Roma, onde o levei a conhecer as ruínas de Óstia Antiga. Anos depois, no meu consulado em Genebra, "Monsieur Pedrô", como o anunciou o porteiro, apareceu de repente, com a esposa. Encantado, busquei Bia em casa, fomos a Aix-les-Bains, na França, comer admiravelmente e tomar vinho no Père Bise, então um dos melhores restaurantes do país. Concluímos a alegre jornada com uma visita à abadia de Hautecombe, para ver os túmulos dos Savoia.

Meu pai, Afonso Arinos, estava no mais fundo de uma depressão devastadora quando chamou Pedro Nava, que fora seu companheiro desde o colégio primário em Belo Horizonte até o internato Pedro II, no Rio, e lhe entregou o revólver. O amigo se recusou a prescrever qualquer medicamento. Disse a Afonso que só lhe receitaria coragem. Caso a cena se houvesse invertido anos depois, o destino de Nava poderia ter sido outro.

Quando rapaz em Belo Horizonte, o futuro médico se apaixonara por uma estranha jovem, que tinha também outro namorado. Um dia, a moça entrou em casa despercebida pelo pai, que recebia um amigo. E o ouviu dizer ao visitante que estava desenganada, vítima de leucemia. Subiu a escada sem fazer ruído, abriu a mesa de cabeceira do pai, tomou da arma por ele ali guardada, e deu um tiro na cabeça.

Muitas décadas mais tarde, almoçávamos em casa de Antônio Houaiss, que entre tantos atributos tinha o de ser insigne gastrônomo. Fazia uma curta palestra explicativa antes de cada prato que iríamos degustar. Eu me sentara encostado a uma ampla vidraça do apartamento, ao lado de Pedro Nava, quando entrou Fernando Sabino, acompanhado pela bela Lígia Marina. Ao vê-la, Nava, transido, me apertou o braço, repetindo: "A minha amada! A minha amada! É igual à minha amada!" Nieta, conversando comigo, já se referira com naturalidade à "amada do Nava", que ele menciona nas memórias.

Depois, quando perguntei por ela a meu pai, respondeu-me que pertencia à tradicional família mineira dos Pinheiro Chagas.

Nava, entrevistado anteriormente por Sabino, disse que uma boa idade para a gente se matar seria aos 60 anos. Contou-me Otto Lara Resende que o entrevistado lhe narrara, depois, haver mencionado aquela idade para não chocar os leitores, mas, por ele, o suicídio deveria ocorrer aos 50. Tinha a obsessão da decadência física.

Quando, diante do imenso sucesso literário das suas memórias, insisti para que se candidatasse à Academia Brasileira de Letras, retorquiu que, na sua idade, não seria um candidato, mas uma vaga. Porém, ao felicitá-lo por completar 80 anos, ponderou, sorrindo: "Por que não 100?"

No ano seguinte, Nava, certa noite, pediu a Nieta para jantarem logo, pois não queria perder a entrevista que Carlos Drummond de Andrade, seu companheiro de juventude, daria à TV Educativa. O telefone tocou, ele atendeu ao lado de Nieta, e ficou escutando em silêncio. Só pronunciou uma palavra, talvez ao responder a pergunta sobre se estava ouvindo bem: "Estou." Findo o diálogo, mencionou à esposa: "Nunca fui tão insultado em minha vida." E saiu da sala. Nieta, distraída pela televisão, não percebeu que o marido deixara o apartamento pela entrada de serviço. E levava consigo o revólver. Algum tempo depois, ouviu-se um tiro na rua da Glória. Pedro Nava metera uma bala na cabeça. Talvez tenha pensado na amada que, tanto tempo antes, se matara da mesma forma.

Recebi a notícia por chamada telefônica do Brasil. Foi como se o estampido ecoasse no escritório da nossa embaixada em Caracas, onde eu era chefe de missão em 1984.

Meu primo Joaquim Pedro de Andrade afirmou ao saber do ocorrido: "Há um assassino solto nas ruas do Rio de Janeiro."

Nava me disse um dia: "Belo Horizonte acabou no ano em que você nasceu." Foi em 1930, a 11 de novembro, data na qual Getúlio Vargas promulgou o decreto institucionalizando o governo provisório oriundo da revolução.

Nasci na casa de Honorato Alves, casado com Violeta, irmã de Afrânio de Melo Franco, meu avô paterno, e cunhado da temível dona Tiburtina, de Montes Claros, que, como a não menos temida dona Joaquina do Pompéu, mandava e desmandava nos mineiros do seu tempo. A casa tinha sido moradia dos Vivacqua, em cujas roupas íntimas, penduradas no varal para secar, Carlos Drummond e Pedro Nava haviam ateado fogo numa noite de estrepolias. O prédio, hoje tombado por ter sido construído quando Belo Horizonte era uma cidade-menina, fica na esquina das ruas Gonçalves Dias e Sergipe, bairro dos Funcionários, a um quarteirão da Praça da Liberdade, em torno à qual, na capital recém-inaugurada, o governo de Minas Gerais abrigou a própria sede, com o Palácio da Liberdade e as secretarias de governo.

Afonso e Anah, meus pais, ao se casarem no Rio, foram morar na rua Sousa Lima, em Copacabana. Até que um dia, indo para o Centro, ele se deteve na garagem do Catete onde um mecânico italiano cuidava do seu Ford. Havia um problema no freio do carro, Afonso se abaixou para examinar a roda e, ao levantar-se, teve um violento acesso de tosse. Levou à boca um lenço, que, ao ser retirado, estava cheio de sangue. Era a primeira hemoptise.

Mudaram-se, então, para Belo Horizonte, onde se internou no sanatório do doutor Hugo Werneck, ginecologista e obstetra, em cujas mãos eu nasceria.

Afonso queria dar-me o nome do pai, Afrânio. Mas minha mãe (ela, Ana Guilhermina, e a irmã caçula de Afonso, Ana Leopoldina, foram as duas únicas Anahs que conheci) pediu ao amigo João Gomes Teixeira, futuro diretor do Arquivo Público Mineiro, que me registrasse com o nome do marido, Affonso Arinos de Mello Franco. Teixeira o fez, sem filho ou júnior, com dois **ff** e dois **ll**. Sou assim, oficialmente, o primeiro Afonso Arinos, pois Arinos fora acrescentado ao nome de meu pai a pedido da avó paterna, após o falecimento do seu primogênito querido, morto em Barcelona em 1916, aos 47 anos, e ao nome desse meu tio-avô, grande escritor sertanista, o pai ajuntara Arinos na onda do pseudoindianismo em voga no século XIX.

Meus primeiros dias foram muito difíceis. Anah não tinha leite suficiente para me amamentar, e eu devolvia o produto industrializado que tentavam ministrar-me.

Certa vez, uma amiga muito bonita, que fora Miss Belo Horizonte, visitava Anah e, tendo seu filho nascido pouco depois de mim, se ofereceu para tentar ajudá-la. Saíram da sala onde Afonso palestrava com o amigo Otávio Machado, ele também tuberculoso, oficial de Marinha reformado, irmão do escritor Aníbal e do político Cristiano. Ao regressar com Anah, a amiga explicou que eu não quisera pegar no seio. Quando as duas se ausentaram outra vez, Otávio se aproximou do berço onde elas me haviam deitado, fitou-me e observou: "Daqui a uns vinte anos, este cretino vai-se arrepender."

Eu, definhando, corria risco de morte. Anah chorava impotente, ao ver o filhinho ir-se embora, quando o marido apelou para a vizinha, que avistara com uma criança pequena no colo, e foi o seu leite que me salvou.

Mas Afonso não melhorou, e resolveu-se que ele iria para a Suíça, a fim de se internar num sanatório em Montana. Enquanto isso, minha avó materna Catita (Ana era o seu nome de batismo, pelo qual nunca foi chamada), filha do presidente Rodrigues Alves, que acompanhara Anah nas dificuldades por que havia passado em Belo Horizonte, levou-me para o Rio, conduzida pelo motorista de meu avô Afrânio, empregado que o seria, sucessivamente, de Virgílio e Afonso. Um dia, a Confeitaria Colombo de Copacabana lhe barrou a entrada, só autorizando o ingresso da sua mulher loura com os dois filhos. Na semana seguinte, o então deputado Afonso Arinos apresentou à Câmara o projeto da lei contra a discriminação racial que tomaria o seu nome.

Na capital federal, fui criado por Catita e por meu avô materno, o desembargador Cesário Pereira, que encerrou sua carreira de magistrado na presidência da Corte de Apelação do então Distrito Federal. Aprendi com Catita a primeira oraçãozinha, e vivi com eles até que meus pais regressassem da Europa.

Cesário conhecera Catita através de Francisco de Paula Rodrigues Alves Filho, o tio Nhonhô, seu colega na Faculdade de Direito de São Paulo, que o convidou a trabalhar no Palácio do Catete quando o pai era presidente da República e ele chefe do Gabinete da Presidência. Lá meus avós ficaram noivos (com grande ciúme de Nhonhô), e se casaram na sala da capela do palácio, abençoados de próprio punho, em latim, pelo papa Pio X, depois santo da Igreja Católica. Eu pedia sempre ao meu tio-avô para descrever episódios vividos por ele na primeira República, o que nos dava grande prazer a ambos. Atraíam-me, sobretudo, suas narrações sobre a tentativa de golpe militar em 1904 contra a vacina obrigatória, quando ele, meus avós, minhas tias e tios-avós e o presidente viveram horas dramáticas no Catete.

Cadetes da Escola Militar, sublevados pelo senador Lauro Sodré, general paraense, avançavam da Praia Vermelha rumo ao palácio, onde as forças de defesa eram precárias. Havia, inclusive, a possibilidade de ameaças à integridade das moças pelos insurretos. Cesário propôs retirá-las do palácio e buscar-lhes abrigo na casa paterna. Foi o único caso de discórdia entre meus avós maternos de que tive conhecimento: "Se você quiser, pode ir, Cesário. Eu fico com papai." O bravo deputado e futuro embaixador Gastão da Cunha estimulava a resistência. Mas, prudente, conforme Rodrigues Alves anotou, divertido, no seu diário, Gastão fez encostar uma escada preparatória para a fuga do Catete no muro que separa o parque do palácio da rua Ferreira Viana.

Não era apenas a família que se perturbava. O general Argollo, ministro da Guerra, também propôs a retirada. O ministro da Marinha, almirante Júlio de Noronha, sugeriu o píer fronteiro ao parque, na praia do Flamengo, de onde alcançariam o encouraçado fundeado na baía. Mas Rodrigues Alves antecipou o que Getúlio Vargas repetiria meio século mais tarde: seu lugar era no Catete.

O incidente decisivo ocorreu na rua da Passagem. O general Silvestre Travassos, comandante dos cadetes amotinados, levou um tiro no joelho, e a gangrena consequente o mataria três dias depois. Sem comando e desarvorados, os revoltosos debandaram. Afrânio Peixoto, do seu posto no Hospício, por onde passaram os insurretos, informava tudo ao palácio.

E a tempestade amainou.

A primeira memória que possuo de mim mesmo no casarão do meu avô materno, na rua Dona Mariana, em Botafogo, é muito vaga, e eu muito pequenino. Mas lembra-me alguém me tomando nos braços para sentar-me em uma cadeira na sala de visitas, aposento onde se casaram meus pais (deve ter sido por causa do flash do fotógrafo, pois dele faço ideia mais nítida). Catita tinha-me vestido de menina (ainda possuo o retrato). Outras recordações imprecisas, de pouco tempo mais tarde, são as barbas brancas do meu bisavô materno, Virgílio Pereira (pai, entre vários filhos, do grande médico Miguel Pereira, tio e padrinho de minha mãe), e de um peru morto que eu segurava pelo pescoço. Antes, fui batizado na Igreja de São João Batista da Lagoa, em Botafogo (onde Beatriz, nascida no Humaitá, também o fora).

Afonso e Anah voltaram do sanatório na Suíça em 1932, durante a revolução constitucionalista de São Paulo. As posições familiares eram muito extremadas, e, informados no navio sobre o que aqui se passava, resolveram que, chegados ao Rio, se hospedariam com o sogro derrotado, o paulista ou o mineiro. Ficaram com Cesário.

Com a saúde ainda não totalmente consolidada, Afonso tornou a residir, naquele ano, em Belo Horizonte. Passamos alguns dias na casa de Cristiano Machado, onde havia um simpático cão pastor-alemão, que eu não temia. Afinal, fomos morar em um quarteirão abaixo da casa onde eu viera ao mundo, na esquina da rua Bernardo Guimarães com a rua Sergipe. Lá nasceu meu irmão Francisco Manoel, três anos depois de mim.

Eu brincava com as meninas Semi, Lélia, Maria Pompeia (futura esposa do ilustre jurista Raimundo Faoro e mãe de André, que seria genro de Francisco, meu irmão), e com o menino Luís Felipe, filho de Luís Camilo de Oliveira Neto. Levavam-me a ver as cobras na Praça da Liberdade, a dois quarteirões de casa, e os macaquinhos no Parque Municipal. Minha mãe, que nessa época guiava automóvel, me conduzia em um Ford marrom ao mercado, próximo ao córrego Arruda. E ensinou-me a cantar a marchinha de Carnaval "Lourinha, lourinha, / dos olhos claros de cristal".

Pareceu-me enorme, girando com muito barulho, a rotativa italiana da *Folha de Minas*, jornal criado por Afonso Arinos e o irmão Virgílio. Anteriormente, Afonso dirigira o *Estado de Minas*, de Assis Chateaubriand, mas deixou os Diários Associados após Assis acompanhar Getúlio em 1933, quando o presidente, por causa da morte do governador Olegário Maciel, se viu colocado, entre as candidaturas, para governar Minas Gerais, de Virgílio de Melo Franco, apoiada por Osvaldo Aranha, e Gustavo Capanema, preferida de Flores da Cunha. Vargas optou, então, pelo deputado Benedito Valadares, quase desconhecido. O presidente pôs desta forma, à frente do orgulhoso Estado, um dirigente servil, que o acompanharia fielmente até o fim do Estado Novo.

E Virgílio obtivera de Vargas, em 1932, o recuo para não exilar Chateaubriand pelo fato de o jornalista ter apoiado a revolução constitucionalista de São Paulo, decisão que o presidente já havia tomado.

Nossas famílias materna e paterna se encontravam e reuniam respectivamente, mas nunca juntas, nos casarões dos avós Cesário Pereira, em Botafogo e Petrópolis, e Afrânio de Melo Franco, em Copacabana.

Meu avô Cesário era a pessoa de quem eu mais gostava no mundo. A alguém que me perguntou um dia com quem eu queria casar-me, lembra-me haver respondido: "Com vovô Cesário." Ele brincava com os netos, para os quais, mais tarde, organizaria festas de São João, quando pulávamos fogueira, se assavam milho e batata-doce. Os fogos de artifício, foguetes, estrelinhas, rojões, nos deslumbravam, enquanto fugíamos dos busca-pés. No terraço do segundo andar, meu avô fazia balões, recortando cuidadosamente os gomos de papel, ajeitando as buchas, até alçarem voo, e os perdermos de vista. Naquela época, não era proibido soltar balões.

Passávamos as férias de verão na sua casa de Petrópolis. Ali, ele cultivava canteiros de flores. As hortênsias se espalhavam por todo o vasto jardim. Dálias multicores ocupavam o sopé do morro cultivado, onde também se encontrava, misteriosa, a boca escura da nascente de água, enfeitada com cristas-de-galo, copos-de-leite, antúrios e tinhorões. Subíamos por uma ladeira de pedras, a "quebra-costas", seguindo, acima, até aos pés de araçás e pitangas, e, ainda mais altas, às moitas de framboesas, que comíamos deliciados. Ao lado da casa, duas grandes jabuticabeiras, e no gramado fronteiro, o grupo de pinheiros formando uma gruta verde cujo interior sombrio era o meu ponto predileto de leitura, repouso e devaneio. Patinávamos no terraço sobre a garage, e eu descia pelo Palatinado e subia de volta a rua Santos Dumont, sempre a cavalgar o tordilho Rubro Negro, por causa do seu nome, que recordava o meu Flamengo. No Carnaval, me fantasiaram, com o evolver da idade, de pinto, palhacinho, marinheiro ou caubói. Irmãos e primos desfilávamos pela avenida principal da cidade em carro aberto alugado, atirando serpentinas, confetes e jatos de lança-perfume (então, também permitidos).

Quando viajávamos de trem, saíamos da estação da Leopoldina, no Rio, indo até a raiz da serra, onde a composição se desfazia e galgava a montanha em parcelas de dois vagões, conduzidos por pequenas locomotivas com rodas engrenadas em trilhos de cremalheiras. A subida pelo meio do mato muito fresco era deliciosa. Meninos corriam ao lado dos vagões, pedindo "nal!", para que passageiros lhes jogassem os jornais já lidos. Os homens envergavam, muitas vezes, guarda-pós brancos, a fim de não sujarem seus ternos com a fuligem do carvão.

De manhã, Cesário vestia terno, gravata, e descia a pé até à estação ferroviária, onde ia comprar jornal ao Caruso. Para nós, trazia cucas (bolos de receita alemã) e os gostosos biscoitos amanteigados de Petrópolis, adquiridos na Padaria e Confeitaria Holandesa, bem como os laticínios da Casa Duriez. Na Casa D'Angelo, ele me oferecia coxinhas de galinha empanadas.

Nonô e Lili portavam moringas para levarem água fresca da mina do meu avô. Lili se foi ainda moça, vencida pela vida. Só muito mais tarde soube que a minha amiguinha de infância fizera intensa campanha eleitoral por mim, sem nunca informar-me a respeito.

Exímio marceneiro, Cesário fabricava mesinhas de costura para as filhas e cocheiras para os meus cavalinhos de chumbo, nas oficinas que mantinha em suas casas do Rio e de Petrópolis. Eu lia a *Vida Turfista*, amava e desenhava corridas de cavalo. Ao jantar com Cândido Portinari, poucos meses antes da sua morte, ele abriu uma gaveta e dela retirou um daqueles meus desenhos de criança. Depois, restituiu-mo, contando haver gostado do seu movimento a descrever os cavalinhos que corriam. Eu nunca soubera que, ao vê-lo, Portinari o tinha recolhido em casa de meus pais e guardado por tantas décadas. Deu-me também, na ocasião, um desenho a lápis de cor preparatório do *Painel da Paz*, pintado para as Nações Unidas, como já oferecera outro quando me casei.

Nosso avô levava-me sempre com o primo Luiz Cláudio ao Jockey Club, onde me dava 5 mil réis para apostar meia pule em cada páreo. Na hora do lanche, eu pedia mate gelado batido com limão e uma cornucópia de creme. Depois que ambos se foram, nunca mais pus os pés no hipódromo da Gávea.

Em Petrópolis, descobri que menina era um ser à parte ao contemplar Maria Pia e seus cabelos cor de fogo, pintada de ruge e batom, trajando fantasia de Robin Hood, feita de veludo verde com uma pena vermelha no chapeuzinho. Depois me encantaram, sucessivamente, a garota de franjinha passeando de bicicleta; a menina escultural e imperiosa, dizendo-se minha noiva enquanto caminhava comigo de braços dados; e a moreninha sua irmã, a ler muito no jardim, correndo para me pedir que voltasse à tarde.

No casarão do avô Afrânio, em Copacabana (menos frequentado pelos netos, pois minha avó Sylvia Alvim morrera na gripe espanhola, em 1918), a atração era a bicharada. Cães mansos e pássaros de todos os tamanhos; os grandes tachãs agressivos, com esporões nas asas; os jacamins negros, perigosos, pois podiam bicar os olhos das crianças que deles se aproximassem. Meu avô chegou a ganhar um casal de lhamas, quando mediava o conflito entre o Peru e a Colômbia, na questão de Letícia, em 1933 e 1934. Os peixes-elétricos com os quais Carlos Chagas Filho, seu genro, fazia experiências de biofísica viviam no laguinho, de onde os netos deviam manter prudente distância, para não tomarem choques. Quando Afrânio morreu, herdei seus dois grandes viveiros de pássaros. Fiquei ainda com o corrupião, o meu predileto, pela beleza e o colorido forte da plumagem amarela e negra, pássaro agressivo, de olhar mau, que bicava o dedo de quem ousasse querer tocá-lo. Ele assoviava as dez primeiras notas do Hino Nacional, cuja letra arrevesada sempre me desagradou. Meu avô não desejava ser interrompido por chamadas telefônicas na hora do trabalho pela manhã, mas me atendia sempre, por saber que era para conversarmos sobre passarinhos.

Atemorizava-me um tapete de pele de onça, a grande cabeça com os dentes arreganhados, os olhos de vidro chamejantes, e a língua de cera vermelha para fora. Brincavam comigo, provocando: "Afonsinho, venha ver a onça." Mas eu respondia, prudente: "Essa onça está vista e revista."

Meus pais nos retiraram da casa de Afrânio pela madrugada, embrulhados em cobertores, pois ela era muito próxima ao forte de Copacabana, e receavam que a fortaleza pudesse ser atacada pela insurreição comunista de 1935. No dia seguinte, Afonso levou-me à Praia Vermelha, para ver a Escola Militar, sede da revolta no Rio, toda esburacada de tiros e ainda fumegante pelo incêndio que a artilharia lhe ateara.

Mostrou-me, também, as ruínas da fortaleza de Villegagnon, onde se fundara a França Antártica, depois derrubadas pela Marinha para que se construísse a Escola Naval.

Eu gostava de desenhar estendido no chão, e me recordo do dia em que, penetrando no escritório de Afrânio, pegara folhas de papel, lápis, tanto os pretos quanto os bicolores azuis e vermelhos, e me instalei, quando meu avô apareceu e, sem repreender-me, observou: "Isso aqui está parecendo casa do Clóvis Bevilacqua."

Vi-o pela última vez em fins de 1942, acompanhando Afonso, que o fora visitar no palácio da Câmara Municipal, na Cinelândia, o qual, então desativado pela ditadura do Estado Novo, servia de sede para a Comissão Jurídica Interamericana, presidida por Afrânio. Impecável na sua elegância habitual, vestia um leve terno branco, devido ao calor do verão que se aproximava. Pouco depois, começariam as crises de angina pectoris, que se agravaram progressivamente. Faleceu durante a noite do réveillon de 1943, razão pela qual nunca comemoramos a data na casa paterna.

Em 1935, fomos morar numa casa alugada no Flamengo, bem embaixo da elevação onde fica o instituto sede dos expostos, abrigo para criancinhas abandonadas, que eram colocadas, no lado de fora, na roda, que seria girada em seguida, introduzindo-as para sempre no orfanato. Eu sentia certo mal-estar ao contemplar o casarão sobre o morrinho que fechava os fundos do nosso quintal, já consciente dos dramas que lá ocorriam. E, talvez, algo receoso de que alguém quisesse pôr-me na roda.

Nossas férias anuais se dividiam entre a casa do avô Cesário em Petrópolis e a fazenda do tio Virgílio de Melo Franco, em Barbacena. Afonso nos levava de automóvel pela estrada União e Indústria, então asfaltada até Juiz de Fora, onde parávamos para almoçar e descansar em um hotel na rua Halfeld. Depois, a subida da Mantiqueira, com Anah se detendo em Palmira (hoje Santos Dumont, em homenagem ao pioneiro da aviação, que nasceu em uma fazenda nos arredores) para comprar o queijo ali fabricado.

Ao penetrar o portão da fazenda, mal contínhamos o entusiasmo, prelibando as delícias que nos aguardavam por uns vinte dias, como passear a cavalo a perder de vista, tomar, no curral, leite quente das muitas dezenas de vacas holandesas, que eu conhecia pelo nome de cada qual. Cheguei a aprender a ordenhá-las. Mas evitávamos, prudentes, a proximidade dos dois touros reprodutores consecutivos, o Paracatu, menor, mais escuro e agressivo, e depois o grande Minas Gerais.

Não me recordo de acordar mais feliz em toda a minha vida do que contemplando, da janela do quarto, o gramado fronteiro, onde em breve iria armar alçapão com uma "chama" (pássaro já capturado que atraía os outros) para prender canários-da-terra, os "cabeças-de-fogo", que juntava depois em grandes gaiolas fabricadas pelos prisioneiros na cadeia.

Virgílio reprovou-me um dia por estar tirando a liberdade dos passarinhos, e pensei ser isso melhor que caçar grandes aves pelo sertão afora, como ele fazia. Mas nada respondi, pelo respeito que lhe tinha. Respeito e afeição que o tornariam meu padrinho de crisma.

Meu tio deu-me o Guarani, um cavalo campolina baio. Depois, soube que presenteara da mesma forma outros sobrinhos, o que era natural, pois contentava a todos, e o bicho, de qualquer modo, não sairia da fazenda.

Em Barbacena, Virgílio foi correligionário dos Andrada na luta contra o Estado Novo, porém mais próximo, pessoalmente, do prefeito Bias Fortes, cuja fazenda frequentávamos. Assim, permitiam-me ir às festas infantis do Automóvel Clube e do Barbacenense, entre os quais se dividiam as facções dos dois concunhados inimigos.

Tramonto

* * *

Enquanto Virgílio e Afonso permaneciam conosco na fazenda, outra presença frequente era a de Georges Bernanos. O grande escritor francês, autor antissemita de *La grande peur des bien-pensants*, se tornara antifascista com a experiência vivida em Palma de Majorca, onde escreveu *Les grands cimetières sous la lune* após ver um caminhão cheio de civis presos enquanto aguardavam o fuzilamento por tropas do general Franco, pelo crime de serem republicanos. Bernanos, evadido, com toda a família, da guerra civil espanhola, vivia à espera do segundo conflito mundial que se aproximava. Encantado com o Rio a caminho do Paraguai, voltou ao Brasil para ficar. Em 1938, por intermédio de Alceu Amoroso Lima, conheceu Virgílio, por quem seria ajudado e apoiado durante toda a sua permanência entre nós.

Virgílio possuía uma empresa de navegação no rio São Francisco, e obteve para o amigo francês uma fazenda em pleno sertão, na distante Pirapora. Trouxe-o afinal à menos longínqua Barbacena, onde mantinha uma fazendola, e o prefeito Bias Fortes contribuiu para que encontrasse a pequena propriedade agrícola de Cruz das Almas, cuja casa é hoje museu. Albert Béguin, seu biógrafo, me contou na Itália, muitos anos mais tarde, que Bernanos morreu sem saber qual o preço verdadeiro da propriedade por ele adquirida, que lhe custou a terça parte do valor real. O restante fora pago por Virgílio, Raul Fernandes e Dario de Almeida Magalhães.

Minhas lembranças da época não têm a pretensão de avaliar o escritor genial, de quem, mais tarde, li todos os romances. Mas recordo-me do homem. Ele surgia ereto, montado no belo cavalo Osvaldo, presente de Osvaldo Aranha, a quem Virgílio o apresentara, mas, ao apear, parecia um centauro se desintegrando. Com o pé aleijado por um acidente de motocicleta (Bernanos gostava de dirigi-la, como o padre por ele retratado na história comovente de *Le journal d'un curé de campagne*), subia os degraus da varanda apoiado em duas bengalas a servir-lhe de muletas. Então, desandava a falar, num monólogo quase ininterrupto, pouco aparteado por Virgílio e Afonso. Os olhos azuis chispavam.

Um dia, convidou Afonso e Anah para almoçarem um *coq-au-vin* que ele mesmo cozinhara, e ouvi-lo recitar Victor Hugo. Escolheu um poema da *Légende des siècles*, que descrevia a retomada de Narbonne pelos nobres franceses. Sua pátria estava derrotada, e ele revivia, emocionado, aquelas glórias extintas com acentos de um ator da *Comédie Française*, comovendo o casal de amigos.

De outra feita, ao descrever para Afonso os atributos do modesto militar mineiro que desposara sua filha Chantal, cuja beleza impressionou Manuel Bandeira, fê-lo com esta ressalva: "Mas ele nunca viu um campo de trigo maduro."

Seu filho Michel pôs-me certa vez sobre um cavalo e o chicoteou, fazendo-o disparar comigo.

Bernanos dedicou a Virgílio e a sua esposa o livro *Les enfants humiliés*, mais tarde editado pela Pléiade: "Caros amigos, eu vos ofereço estes pobres cadernos de estudantes, comprados na papelaria de Pirapora. O texto é apenas legível, porque, prevendo sua remessa futura à Europa, eu me esforcei por diminuir minha letra. Não importa! Mesmo sem os ler, vossa amizade neles encontraria ainda, sem dúvida, graças ao doce milagre da simpatia, as mesmas qualidades que ela julga encontrar no seu autor, e que eu gostaria de estar certo de realmente possuir, mesmo se o fosse apenas por afeição e gratidão a vós. (...) Vosso velho e fiel amigo. G. Bernanos." Presenteou-lhes também um retrato que está comigo, com a inscrição "A Virgílio e Dulce Mello Franco, a honra, o encanto e a doce amizade do Brasil. G. Bernanos — maio 1945 —" Como doaria outro livro "a meu amigo Afonso, na esperança de escrevermos juntos um dia, no mesmo café de Barbacena".

Outro grande escritor europeu que veio morar no Brasil por causa da guerra foi o austríaco Stefan Zweig. O Itamaraty pôs à sua disposição o diplomata Jayme Chermont, cunhado de Afonso, marido da sua irmã Zaíde, e foi assim, na residência do casal, que meu pai o conheceu. Zweig estava escrevendo sobre Montaigne, e lera *O índio brasileiro e a Revolução Francesa*, da autoria de Afonso Arinos. Ambos conversaram muito sobre o autor francês, que Afonso frequentava assiduamente, através dos *Essais*. O ensaio de Montaigne a respeito dos canibais contido nesse livro foi essencial para despertar o interesse de Arinos pela influência que o conhecimento dos selvagens brasileiros por autores e leitores franceses tivera sobre a teoria da bondade natural do homem. A partir daí e de Rousseau, outro autor predileto de Afonso, Montaigne havia inspirado a Revolução Francesa (Montaigne e Rousseau eram retratados nas duas gravuras antigas que meu pai possuía em sua biblioteca).

Stefan Zweig esteve em nossa casa de Copacabana, e meu pai lhe emprestou dois volumes sobre os *Ensaios* de Montaigne, da autoria do francês Fortunat Strowski, de cuja barba negra e cerrada bem me recordo, quando aparecia para conversar com Afonso.

Este retribuiu a visita ao procurar Stefan Zweig em Petrópolis, onde o encontrou triste e deprimido. Zweig chegou a dizer-lhe que tinha o fígado sombrio: "*Ich habe meine schwartze Leber.*" O escritor austríaco se mataria pouco depois, em fevereiro de 1942. Por ocasião do suicídio, como de hábito durante as férias de verão, estávamos na fazenda de Virgílio em Barbacena, e Zweig quis comunicar-se pessoalmente com Afonso. Não o encontrando, escreveu para se despedir, e restituiu os dois volumes de Strowski que levara, bem como deixou a Afonso 15 folhas manuscritas sobre Montaigne, decerto suas últimas páginas literárias.

Nas memórias, Afonso manifesta a intenção de doá-las ao arquivo da Academia Brasileira de Letras. Como não chegou a fazê-lo, cumpri essa vontade em seu lugar, acrescentando aos manuscritos duas cartas de Stefan Zweig e duas outras de George Bernanos. Os originais desses textos podem ser vistos na Sala Afonso Arinos da Academia.

Visitante conspícuo da fazenda de Barbacena era também Carlos Lacerda, afilhado de Virgílio no casamento religioso, em companhia de Letícia, sua esposa, e dos dois filhos pequenos. Carlos foi muito próximo a Virgílio e Afonso Arinos naquela época, e lutavam juntos para derrubar a ditadura de Getúlio Vargas.

Em 1936, nos mudamos para a casa que meu pai adquiriu na rua Anita Garibaldi, em Copacabana, onde eu viveria por vinte anos, até casar-me. Quase sem tráfego de automóveis, se transformava em campo improvisado de futebol para os garotos da vizinhança. Dentre aqueles meninos, dois tinham uma linda irmãzinha, Silvinha Teles, que depois se tornaria bonita moça e excelente cantora popular, morta jovem com o namorado, em um acidente de automóvel.

A rua ia da Barata Ribeiro até à Tonelero, onde começava o Bairro Peixoto, na época uma grande chácara, cujo proprietário, o velho comendador Francisco Peixoto, víamos a passear a pé pelas redondezas, ou repousando na varanda da sua casa-grande, com um pijama azul.

Morando também na rua Tonelero, Carlos Lacerda passava por nossa casa a caminho da praia, em traje de banho, para ver Afonso.

A casa tinha uma mangueira no jardim, com mangas-carlotinhas, muito apreciadas por Anah. Ela me levava a acompanhá-la para comprar leite em uma vacaria próxima. Não longe, cursamos a primeira escola, um jardim de infância para onde íamos sozinhos, pois era bastante atravessar a rua defronte de casa, já que o colégio ficava no outro lado do mesmo quarteirão. Nele plantamos uma árvore para celebrar o dia em que começava a primavera. As calças do uniforme azul-claro, com que minha mãe nos vestia, eram mais largas e longas que as dos coleguinhas, que me constrangiam chamando-me "Afonso das calças fofadas".

Na Copacabana daquela época, contavam-se nos dedos os prédios de apartamentos do bairro e da nossa rua. Passavam o peixeiro, o amolador de facas, o sorveteiro. Eu sempre pedia a Anah que me comprasse sorvete de abacaxi.

Anah nos levava à praia no Posto 4, enfiados em roupas de banho de cor creme com suspensórios, indo antes buscar o nosso guarda-sol, guardado em casa de Sérgio Darcy, na esquina da avenida Atlântica.

A casa pertencera a seu pai, James Darcy, o bravo tribuno gaúcho que foi líder de Afonso Pena na Câmara dos Deputados e membro do "Jardim de Infância", a plêiade de jovens parlamentares que, encabeçada pelo presidente da Câmara, o mineiro Carlos Peixoto, se opunha à liderança autoritária do senador gaúcho Pinheiro Machado.

Sérgio trabalhava no Banco do Brasil com Afonso, e este tinha sido muito ligado a James Darcy, por sua vez velho amigo de Afrânio. Sérgio Darcy fora presidente do Botafogo. Ambos me informaram que eu seria botafoguense, e levaram-me a assistir a um jogo do seu clube contra o Flamengo, no campo do Fluminense. Afonso também torcia pelo Botafogo, como quase todos os mineiros chegados ao Rio naquela época, talvez por causa da grande semelhança do uniforme alvinegro do clube com o do Atlético Mineiro, de Belo Horizonte. Deve ter sido o vermelho da camisa rubro-negra do Flamengo que, naquele dia, me atraiu para sempre.

No Flamengo, Leônidas da Silva era astro. Ele e Domingos da Guia. Antes de Garrincha e Pelé, foram os maiores jogadores que vi atuar, quando viviam modestamente e morriam pobres, sem as fortunas que os clubes e a publicidade lhes pagam hoje.

Em fins de 1938, viajamos a Pernambuco, para a casa do tio Manuel Leão, casado com Regina, irmã de Anah, e superintendente da Great Western Railway. Lá completei 8 anos, e penso haver passado as melhores férias que já tive. A começar com a experiência de navegação pelo *Conte Grandi*, navio italiano no qual fomos ao Recife e voltamos. Nele havia sessões de cinema, em que me atraíam as aventuras do Pimpinela Escarlate. Já de regresso, eu buscava nos jornais a agenda das viagens marítimas, para reviver nosso passeio delicioso.

Fizemos escala em Salvador, onde me maravilharam os azulejos e a talha dourada da Igreja de São Francisco. Recordo haver visto a Igreja da Conceição da Praia, a do Senhor do Bonfim, e o azul-marinho das águas da baía de Todos os Santos ao lado do navio atracado no cais. O cearense Juracy Magalhães, quando interventor na Bahia, pusera abaixo a velha Sé colonial, para deixar passar os bondes e os táxis poderem estacionar.

No Recife, meus tios alugavam bela residência de pedra na praia da Boa Viagem, pertencente ao pai do pintor Lula Cardoso Aires. Havia uma quadra de tênis no grande terreno, cheio de coqueiros e cajueiros. Agora, arrancadas todas as árvores, a casa ocupa um espaço incaracterístico, com dois arranha-céus por detrás. Da varanda gradeada de madeira vermelha, contemplávamos o mar, onde, com a maré baixa, os arrecifes formavam, entre eles e a praia, uma piscina de água morna e salgada, deliciosa para nos banharmos. À noite, pescadores entravam no mar com tochas acesas a fim de atrair as lagostas, que matavam a pauladas. Passei anos sonhando com a praia da Boa Viagem.

O jardineiro De Noite subia nos coqueiros com rapidez impressionante, e nos lançava cocos lá de cima. Minha prima Maria Luíza tinha um mocambo de brinquedo no jardim. Sua babá, a bondosa Elsa, se ocupava de nós. Ela punha discos na vitrola para ouvirmos. Meus favoritos eram um frevo que dizia "Mamãe eu quero me casar com Clodomira,/ a morena que roubou meu coração", e a canção do "Sapo cururu na beira do rio". Quando Elsa veio ao Rio nas férias de Maria Luíza, morreu ao voltar a Pernambuco no *Araraquara*, um dos cinco navios brasileiros torpedeados e afundados por submarinos alemães, fato que precipitou a entrada do Brasil na segunda guerra mundial.

Adoeci, e ria sem parar com a história do faiscador João Nariz, que a tia Regina lia para mim em *O garimpeiro do rio das Garças*, de Monteiro Lobato. Acariciei o focinho de um peixe-boi encerrado no laguinho do Largo Amorim, onde, anos depois, seria hospedado em casa dos Cabral de Melo.

Lembro-me ainda do velho forte do Buraco, entre o Recife e Olinda, mais tarde demolido pela Marinha. E, habituado com as favelas a grimpar pelos morros do Rio, me impressionaram os mocambos chafurdando a perder de vista no alagado sob a ponte do Pina, que inspirariam a *Morte e vida severina*, de João Cabral de Melo Neto.

Demos bonitos passeios pelos arredores do Recife. Da praia da Piedade, que se seguia à da Boa Viagem, onde brincávamos com dois meninos da nossa idade, íamos até Gaibu e Gurjaú, mas nossos pais não se aventuravam além, receosos de excursões mais distantes, descartadas porque ainda vagavam por perto remanescentes do bando do cangaceiro Lampião, morto quatro meses antes.

Como saíra do jardim de infância perfeitamente alfabetizado, saltei o 1º ano primário e fui inscrito já no 2º ano do Colégio Mello e Souza, onde meu pai estudara na infância, quando ainda se chamava Colégio São Paulo.

Os irmãos Mello e Souza eram, de fato, excelentes educadores. Só tive uma aula com Júlio César, o Malba Tahan, seu pseudônimo nas lendas árabes que publicava. Recebi algumas lições de latim do bondoso Nelson. Mas o meu preferido era o João Batista, pelos casos pitorescos com que entremeava as lições, pela forma de narrativa das histórias da nossa História, pelo jeito paternal de lidar com os alunos. No curso clássico, a professora predileta era a bela Cleonice Seroa da Mota, depois Berardinelli, minha futura colega na Academia Brasileira de Letras, onde tive o prazer de recebê-la.

Eu aspirava ingressar no Santo Inácio, em Botafogo, perto da casa dos meus avós maternos, onde estudavam alguns primos do lado Rodrigues Alves da família, e sobretudo, devo reconhecer, pelo ótimo campo de futebol que possuía. Mas, como de hábito, não sei bem por quê, ao contrário do meu irmão, não manifestava desejos a meus pais, ou lhes externava sentimentos. Nem ao saber que Afonso doara o nosso vira-lata querido quando estávamos de férias em Petrópolis. Lembra-me ter ouvido sua observação de que havia esperado uma reação maior de minha parte contra isso. Tampouco protestei quando Anah soltou o azulão do viveiro, em represália a alguma desobediência minha.

Tirante os grandes colégios católicos do Rio, como o Santo Inácio, o São Bento e o São José, o Mello e Souza e o Mallet Soares eram escolas laicas de boa qualidade, em Copacabana. Daí a preferência com que acolhiam a numerosa meninada judia do bairro. Eu nem sequer notara o fato de tantos colegas serem judeus, o que para mim, aliás, não teria qualquer significação. Só soube disso muitos anos mais tarde, pois, em nossa casa, não afloravam problemas de fé. E me preparei para a primeira comunhão, feita em 1940 na Igreja de São Paulo Apóstolo, dos padres barnabitas, onde minha mãe costumava levar-me à missa. No colégio, porém, quando tive de escolher entre as aulas de religião e as de educação moral e cívica, optei pelas últimas, as quais visavam à exaltação do Estado Novo de Getúlio Vargas, o que só vim a perceber mais tarde. Desfilávamos pela Cinelândia no Dia da Raça ou da Bandeira, perante o ditador ventrudo e sorridente.

Acompanhei pelo rádio, em 1939, o conclave para eleger o sucessor de Pio XI. Minha avó Catita desejava a escolha do cardeal Cerejeira, patriarca de Lisboa, que estivera no Brasil. Mas eu já lia nos jornais que o provável futuro pontífice seria o cardeal secretário de Estado do Vaticano, Eugenio Pacelli. Eleito, ele tomou o nome de Pio XII.

A guerra estava próxima. Afonso me preparava contando aventuras do primeiro conflito mundial, talvez inventadas por ele mesmo, em que o herói era um francês chamado Frank, que vencia os inimigos em memoráveis combates pessoais.

Segui com minúcia a segunda grande guerra do primeiro ao último dia, desde pouco antes de cumprir 9 anos até aos 14. Foi a experiência mais importante na minha formação cultural e intelectual. Com ela, me tornei quase adulto, pois, somada à oposição familiar ao Estado Novo fascista, era assunto de todos os dias, em casa e com os visitantes. Conheci os litígios, interesses e ambições mundiais, a política internacional, as ideologias contrastantes. Pode, ou deve, ter nascido aí minha vocação para a diplomacia. Como ia apanhar os jornais todas as manhãs, lembro-me de ter sido o primeiro em casa a inteirar-me, pelo *Diário de Notícias*, da irrupção do conflito, a 1º de setembro de 1939.

Solidário com Afonso, torcia pelos franco-britânicos, pela democracia contra os nazifascistas. O que era, também, uma forma de tomar partido contra a ditadura do caudilho Getúlio Vargas, naquela época claramente simpatizante do fascismo. Todas as noites, o rádio ficava ligado na BBC inglesa, ouvindo seu noticiário em português, talvez transmitido pelo nosso parente Antônio Callado. Afonso, sempre voltado para a sua experiência da primeira guerra mundial, iniciada quando ele estava exatamente com a mesma idade que eu tinha ao começar a segunda, confiava nos generais franceses, imaginando que a sorte das forças aliadas mudaria quando o velho Weygand assumiu seu comando. Falava-me da linha Maginot, que julgava intransponível frente à Siegfried, enquanto Hitler simplesmente a contornou, quando invadiu a Holanda e a Bélgica, e deixou os franceses a ver, não navios, mas os tanques das divisões Panzer, na *Blitzkrieg* fulminante.

Nossa torcida teve mais sorte quando a Luftwaffe desistiu do bombardeio incessante de Londres e outras cidades inglesas, vencida pela Royal Air Force na batalha da Inglaterra. Homenageei a aviação britânica chamando Raf ao cãozinho vira-lata que encontrara abandonado com outros filhotes defronte à nossa casa, no dia em que os japoneses bombardearam Pearl Harbour.

Desmoralizados ou fracassados os políticos franceses, nossos heróis passavam a ser Churchill e De Gaulle, este com resistência corajosa e altiva, embora um tanto simbólica.

Rompido pela Alemanha o pacto de não agressão com a União Soviética e aberta a grande frente de batalha da Europa oriental, eu a acompanhava cuidadosamente, através dos mapas com que o *Correio da Manhã* descrevia, na primeira página, a disposição dos exércitos confrontantes. Minha admiração se voltou para os generais soviéticos Rokossovski e Timoshenko, que resistiam às hordas germânicas e as derrotavam.

Levávamos para a escola objetos de metal e borracha encontrados sem uso, a fim de contribuir para a indústria bélica dos aliados. Juntávamos tudo na quadra de basquete e vôlei do colégio. Era o nosso esforço de guerra.

O ataque japonês ao Havaí mudou o rumo da História. Com a entrada dos Estados Unidos no conflito armado, a vitória final dos aliados passou a ser questão de tempo. O Eixo nazifascista, somado ao imperialismo do Japão, não tinha condições de confrontar a produção industrial americana voltada para a guerra. Roosevelt passou a integrar a nossa galeria dos homens-símbolos da esperança.

E viria, sob o comando do general Montgomery, o contra-ataque nas areias desérticas africanas desde a batalha de El-Alamein, seguido pelo desembarque americano no norte da África, a rendição do Afrika Korps, a penetração das forças aliadas na Europa pela Sicília, a luta na península italiana com o apoio da Força Expedicionária Brasileira, a queda de Mussolini e seu fuzilamento pelos *partigiani*, a invasão da França comandada pelo general Eisenhower, a retomada de Paris, as forças alemãs esmagadas pelos ataques simultâneos dos americanos pelo oeste e dos russos a leste, o cerco de Berlim, o suicídio de Hitler, a rendição incondicional da Alemanha.

Na madrugada em que os aliados desembarcaram na Normandia, Afonso não se conteve e telefonou ao amigo germanófilo que fizera o mesmo, quatro anos antes, para informá-lo da ocupação de Paris pelas tropas alemãs. Mais tarde, meu pai me levaria à sede social do Jockey Club, de cuja sacada assistimos ao desfile popular comemorativo da vitória na Europa. Uma multidão percorria a avenida Rio Branco, gritando, cantando, acenando, portando bandeiras. Recordo um homem que coxeava à sua frente.

Meses depois, as bombas atômicas genocidas despejadas pelos americanos sobre Hiroshima e Nagasaki precipitaram a vitória final, matando centenas de milhares de homens idosos, mulheres e crianças inocentes. Reconheço que na ocasião, feliz com o término dos combates, não me apercebi imediatamente da monstruosidade que aquilo representava, inclusive ao abrir para a humanidade a perspectiva da autodestruição. Vi, pelo cinema, o general MacArthur sentado no convés do cruzador *Missouri* determinar ao japonês de casaca em pé à sua frente: "Assine na linha pontilhada." Era o fim da guerra, a rendição incondicional dos vencidos, a vitória dos aliados.

O combate contra o nazifascismo na guerra se somou, no Brasil, à luta contra o Estado Novo. Veio, primeiro, o manifesto *Ao povo mineiro*, em 1943. A ideia de sua elaboração partiu de uma conversa entre Afonso Arinos e Odilon Braga na Consultoria Jurídica do Banco do Brasil, onde ambos trabalhavam. Odilon era frequentador assíduo da casa de Afonso. Fora ministro da Agricultura de Getúlio Vargas, o único que se recusou a acompanhá-lo no golpe do Estado Novo, em 1937. Quando morreu, Afonso não pôde concluir o discurso com que homenageou sua memória. Chorava na tribuna.

Pela época do manifesto, meu pai levou-me a Belo Horizonte, onde iria proferir conferência na Faculdade de Direito da Praça Afonso Arinos. Ele foi saudado na Faculdade pelo estudante Raul Machado Horta, que falou em "democracias fascistizadas" ao se referir ao Estado Novo de Getúlio Vargas. O futuro ilustre professor de Direito se casaria, mais tarde, com uma filha de Milton Campos. Revi minha cidade natal pela primeira vez, desde quando dela saíra ainda menino pequeno. Pernoitamos no Grande Hotel, o melhor de Belo Horizonte, onde se hospedavam os políticos mineiros residentes na capital federal ao voltarem ao seu estado. Lá só havia goiabada com queijo e banana para sobremesa.

Sugerida a iniciativa do manifesto a Virgílio, ele, na sua capacidade habitual de grande homem de ação, adotou-a com o maior entusiasmo e energia, passando a se dedicar totalmente a concretizá-la.

Ao vê-la divulgada, Vargas, desabituado a quaisquer manifestações oposicionistas, reagiu vigorosamente, referindo-se aos autores como "leguleios em férias". Afonso foi aposentado no Banco do Brasil, demitido do jornal *A Manhã*, de que era colaborador, e da Rádio Nacional, para a qual escrevia crônicas literárias. Anah nos recomendara que o saudássemos quando tornasse a casa: "Viva o aposentado!" Mas Assis Chateaubriand o admitiu como colaborador dos Diários Associados, assegurando nossa precária subsistência até à queda da ditadura.

Derrubado o Estado Novo, Afonso chegou a dizer-me ser grato a Getúlio pelo fato de que, graças à recuperação dos vencimentos atrasados recebidos do Banco do Brasil, por causa da economia forçada que lhe custara a aposentadoria discricionária, pôde construir no fundo do jardim o amplo escritório tão desejado.

Já Virgílio acabou preso no quartel (então de cavalaria) da rua Frei Caneca. Afonso tinha algo a transmitir-lhe, e me levou até lá: "Você é menino. O máximo que podem fazer é mandá-lo embora." Fui entrando, ninguém me impediu. Cheguei ao picadeiro, para o qual se abriam as celas. Virgílio recebeu-me afetuosamente. Com ele se encontravam detidos Adauto Cardoso, Rafael Correia de Oliveira e Austregésilo de Ataíde. Dei-lhe os recados que meu pai pedira, ele me mostrou os cavalos, dos quais eu tanto gostava. Um soldado o procurara dizendo que lá estava o chefe de Polícia, Coriolano de Góes, sobre quem Washington Luiz havia comentado, ao saber da sua nomeação por Vargas: "O Getúlio está caçando com meus cachorros." Coriolano mandava chamá-lo. E Virgílio respondeu: "Diga ao chefe de Polícia que, se eu for à sua presença, será para meter-lhe a mão na cara e mandá-lo à puta que o pariu." O chefe de Polícia desistiu da entrevista.

Tramonto

* * *

Dois anos mais tarde, o Brasil também se redemocratizou. Em 1947, fui de trem, com Anah, Nieta e Pedro Nava, à posse de Milton Campos como governador de Minas Gerais, em Belo Horizonte. Afonso, que sucedera Milton na Câmara dos Deputados, seguiu antes. Anah trouxe apetitoso frango com farofa para comermos na viagem, quando um indiscreto invadiu nossa cabine. Não antes, porém, que Nava ocultasse o acepipe dos olhos e da boca do intruso.

Em Belo Horizonte, comparecemos à recepção depois da posse, e segui Afonso quando ele e Milton foram à varanda no alto do Palácio da Liberdade, de onde contemplavam um casal namorando ali embaixo, na quietude e escuridão da praça. Afonso perguntou: "Inveja, Milton?" E o governador respondeu: "Não. Saudade."

Possuo um retrato de Afrânio acompanhado por Virgílio, na varanda da casa do meu avô, com a inscrição de que fora tirado no dia em que seu filho, major da revolução (ele estava fardado), regressara vitorioso do Rio Grande do Sul em 1930. E a data: 29 de outubro. Em 29 de outubro de 1945, numa campanha de redemocratização da qual Virgílio foi o principal articulador civil, caiu a ditadura de Getúlio Vargas.

Estava programada, para três anos depois, a inauguração do seu retrato na sede da UDN (União Democrática Nacional, assim batizada por Afonso, que a julgava pouco unida para chamar-se partido), criada no escritório de Virgílio a fim de combater a ditadura.

Ambos haviam passado a semana anterior em viagem consagradora por Minas Gerais, já que Virgílio aparecia como provável candidato à sucessão do governador Milton Campos.

Na sua ausência, um antigo empregado lhe assaltara a casa, e, surpreendido pela esposa, Dulce, roubou um revólver e fugiu. Quando Virgílio regressou, Dulce, apavorada, dizia ao marido, à noite, estar ouvindo ruídos. Ele, armado, dava voltas para tranquilizá-la. Mas, um dia, também escutou rumores. Apanhou o revólver, acendeu a luz e abriu a porta. O bandido, atocaiado na escada em curva que subia até o patamar de onde se chegava ao quarto, e tendo em mãos uma das suas espingardas de caça, visou o alvo perfeito desenhado contra a luz do quarto. Os chumbos penetraram em leque à altura do fígado de Virgílio, que teve tempo para descarregar toda a sua arma, antes de sentar-se lentamente. Dulce o sustentou, perguntando se ele estava ferido. "Estou, minha filha", foram suas últimas palavras. Morreu com a cabeça no colo da esposa. O assassino também caíra morto sobre os degraus da escada. Amanhecia, em 1948, o terceiro 29 de outubro, data decisiva na vida e na morte de Virgílio Alvim de Melo Franco.

Encontrou-se na parede uma bala a mais do que as disparadas pela sua arma. Um vizinho, que ouvira os tiros, viu outro homem fugindo da casa. O policial encarregado do inquérito sobre o crime, que nada apurou, era um antigo membro da guarda pessoal de Getúlio Vargas. Dias antes, uma amiga de Maria do Carmo, irmã de Virgílio, escutou, em um café, conversa ameaçadora contra ele, mas não a avisou de nada.

Ouvi ruídos de madrugada. Meus pais tinham saído. Ao levantar-me, as empregadas me informaram que ocorrera algo na casa de Virgílio. Fui à rua, e Israel Pinheiro, que morava defronte, apareceu de pijama no portão, indagando: "O que houve com o Virgílio? O Bias Fortes acaba de telefonar-me dizendo que ele foi assassinado."

Estive com Dulce mais uma vez, em casa dos tios Nabuco, que a acolheram. Janelas e cortinas cerradas no quarto escuro. Ela, magrinha debaixo das cobertas, sem querer alimentar-se, me segurava pelo braço e repetia: "Seu tio gostava tanto de você... Seja como ele, siga o seu caminho. Virgílio! Virgílio!"

Passou um bom tempo hóspede da cunhada Maria do Carmo. Sua irmã residente em Santa Teresa resolveu, afinal, trazê-la para casa. No mesmo dia em que o fez, Dulce pediu água à enfermeira que a cuidava. Vendo-se só no quarto, caminhou até à varanda de grande altura, e, frágil como estava, apoiou o dorso no parapeito, deixando-se cair de costas.

Mas não se esqueceu da baixela de prata, com escudos de ouro em cada peça, que Afrânio tinha recebido de Oscar Benavides, presidente do Peru, pela mediação no conflito de Letícia com a Colômbia. A baixela ficara guardada com Virgílio. Este dizia que eu iria herdá-la, por ser "o morgado da família". Recebi-a no dia do meu aniversário, duas semanas após sua morte. Por outro lado, a Colômbia dera a uma povoação próxima de Letícia o nome de Sílvia, a filha de Afrânio morta na noite em que a paz foi selada.

Pouco tempo após o assassinato de Virgílio, abri a porta da nossa casa em Copacabana para um negro estranho, já idoso, de cabeça raspada. Queria falar com Afonso: "Diga-lhe que é o Baleiro. Ele se lembrará de mim." Arinos se admirou, surpreendido: "O Moleque Baleiro..." Era um bandido famoso no seu tempo de menino interno no colégio Pedro II, que ele, Virgílio e outros irmãos encontravam nos cafés de São Cristóvão. O Baleiro, recém-egresso da cadeia, tendo sabido, ainda preso, da tragédia ocorrida, vinha oferecer préstimos e experiência profissional para vingar o jovem generoso que, na mocidade, tratara-o bem e lhe dera cigarros. Seus serviços foram agradecidos e declinados polidamente.

Com o fim da guerra, eu entrava na adolescência. No Rio de Janeiro, desinteressado da morna rotina do colégio, o que me atraía de fato era a perspectiva das férias e passeios variados, bem como os jogos e até treinos do Flamengo. Costumava assistir às partidas de futebol na companhia de José Lins do Rego, que chegou a dedicar à nossa convivência esportiva uma das pequenas crônicas que escrevia regularmente para o *Jornal dos Sports*. Eu me divertia com o coronel Vitorino Papa-Rabo em *Fogo morto*, o seu grande romance que Afonso me dera para ler. Uma vez, fui envolvido, com José Lins, em troca de empurrões, tapas e socos no jardim da sede do Botafogo, após jogo acidentado entre o clube local e o Flamengo. Tive a mão levemente ferida na ocasião. Ao vê-la, Afonso Arinos decretou: "Não vai mais ao futebol." "Mas fui com o Zé Lins", tentei explicar. "Por isso mesmo. É um irresponsável." Contudo, a punição durou pouco.

E me entristeci com a morte da cachorra Baleia, ao ler *Vidas secas*, de Graciliano Ramos, também recomendado por Afonso.

Íamos a Cabo Frio, para a linda casa do tio Manuel Leão, projetada por seu irmão Carlos Leão e decorada com azulejos de Cândido Portinari (contraparente de Manuel). A casa tinha uma grande varanda sobre a Praia do Forte colonial, quase desabitada. De lá, se faziam gostosas pescarias, em geral na direção do Arraial do Cabo, onde chegamos a desembarcar na ilha dos Sete Picos, totalmente deserta na ocasião. Visitei o túmulo de Casimiro de Abreu em Barra de São João.

Três amigos de Manuel, o colecionador de arte Raimundo de Castro Maia, o engenheiro César Melo Cunha e o empresário Bento Ribeiro Dantas, os dois primeiros com residência no Arraial do Cabo e o último na Armação dos Búzios, eram praticamente as únicas pessoas conhecidas por aquelas bandas.

À fazenda das Três Barras em Guaratinguetá, pertencente aos Rodrigues Alves, fomos algumas vezes, sós ou acompanhados pelos primos Rodrigo Luiz, Joaquim Pedro, o futuro cineasta, e Clara, filhos de Rodrigo Melo Franco de Andrade (com eles, frequentávamos também a fazenda de Virgílio, em Barbacena). Depois do mar, a montanha. O café migrara do vale do Paraíba. A casa, fronteira ao terreiro de café e à antiga senzala, ficava no sopé da serra da Bocaina, que subíamos a cavalo. Lá de cima, a vista sobre o rio Paraíba do Sul, com a serra da Mantiqueira do outro lado, Guaratinguetá, Aparecida, Lorena e Piquete embaixo era um esplendor. A grande fazenda se subdividia no alto da serra em mais três, numa das quais assistimos à doma de cavalos bravos.

Depois da morte de nosso filho Virgílio, Bia e eu voltaríamos à fazenda com seu irmão menor, Cesário. Este, após a perda do primogênito, subiu a serra conosco a cavalo, aos 5 anos, dizendo-nos haver conseguido o que Virgílio não fizera antes. Por outro lado, me pediu para trocar seu nome pelo de Virgílio, e expliquei que não poderia fazê-lo, pois ele era o nosso Cesário, chefe dos irmãozinhos mais moços (três na ocasião). Doravante, Cesário assumiria essa liderança.

Em Guaratinguetá, cidade natal do presidente Rodrigues Alves, eu assistira com a família materna, em 1948, às cerimônias comemorativas do centenário do estadista, enquanto Afonso fazia, na Câmara dos Deputados, belo discurso sobre o avô de Anah, com a presença emocionada do irmão Virgílio, que seria assassinado pouco depois. Às celebrações paulistas compareceram o governador de Minas Gerais, Bias Fortes, a orar com o seu vozeirão, e o de São Paulo, Ademar de Barros, comungando, no mesmo dia, em várias igrejas disponíveis.

Por essa época, realizou-se eleição para a presidência da Associação Brasileira de Escritores. Acompanhei Afonso Arinos, candidato dos democratas. O pleito decorreu na sede da Associação Brasileira de Imprensa. O ambiente estava pesado, quase chegando a confrontos físicos entre comunistas e não comunistas, que incluíam ex-comunistas como Carlos Drummond de Andrade. Outros mais exaltados dentre os democratas eram José Lins do Rego e Rubem Braga. Afonso, entediado com a desordem, conversava fora do auditório com a amiga Heloísa Alberto Torres, diretora do Museu Nacional. Pediu-me para observar o que ocorria no plenário. Fui, presenciei os debates por alguns minutos, e voltei para informá-lo: "Está na tribuna um senhor que começou atacando os fascistas, depois passou a criticar os comunistas, e agora fala mal dos democratas." Afonso concluiu: "Ah, é o Mário Pedrosa." Mário era trotskista.

Nas férias de julho, eu costumava ir a Ouro Preto, hóspede na casa que Rodrigo Melo Franco de Andrade, diretor do Serviço do Patrimônio Histórico e Artístico Nacional, havia adquirido. Ele comprou apenas uma fachada, pois o restante do prédio ruíra, e foi reconstruído por Lúcio Costa. Rodrigo achava que, como diretor do Patrimônio, não devia guardar belas obras de arte que encontrasse, porém destiná-las ao Patrimônio. Por isso, Guignard pintou, na parede da sala de jantar, um afresco representando Marília de Dirceu.

Para chegar à cidade naquela época, viajávamos pela estrada antiga, que passava pela serra do Ouro Branco. Nesta, o carro, quase literalmente, subia e descia escadas de pedra.

Eu muito desejara conhecer Ouro Preto. Foi sede do governo de Minas até fins do século XIX. Meu bisavô Cesário Alvim (com cuja filha Sylvia meu avô Afrânio lá se casou), primeiro presidente do estado de Minas Gerais na República, ergueu na praça central, defronte ao seu palácio, o grande monumento ao Tiradentes, no lugar preciso em que os portugueses haviam espetado a cabeça do alferes, para escarmento de futuros e eventuais conspiradores. Anteriormente, os dois imperadores se sentiam decerto inibidos para homenagear o mártir que a rainha dona Maria, a Louca, avó de um e bisavó do outro, tinha condenado à morte pela forca. O primeiro Afonso Arinos abrigou em sua residência Olavo Bilac, refugiado da ditadura de Floriano Peixoto, Virgílio lá nasceu, o segundo Arinos lhe estudou a história, a Inconfidência, os poetas, clérigos, bacharéis, e dedicou à cidade o seu *Roteiro lírico de Ouro Preto*, bem como a peça teatral *Dirceu e Marília*. Meus primos, filhos de Rodrigo, contavam casos infindáveis sobre a cidade. Fiquei encantado com Ouro Preto.

A antiga capital mineira foi salva pela pobreza. A capital de São Paulo, por exemplo, já estava cheia de construções novas no fim do século XIX. O que mais me atraía em Ouro Preto era o próprio ambiente urbano, onde me senti transportado a outras eras. Três décadas mais tarde, eu teria a mesma sensação em Cuzco, no Peru.

A Igreja de São Francisco de Assis é muito bonita, com a portada, os púlpitos, a talha da capela-mor, o lavabo da sacristia esculpidos pelo Aleijadinho, e o lindo painel do teto da nave, simbolizando a glorificação da Virgem

Maria, pintado pelo Ataíde. Também me seduziram a bela matriz do Pilar e a de Antônio Dias, onde está sepultado o Aleijadinho.

As noites de inverno, naquelas alturas, eram muito frias. As reuniões começavam no bar da rua São José, única via plana no centro da cidade, onde todo dia havia *footing*. Rapazes caminhando numa direção e moças em sentido contrário trocavam olhares cúmplices e começavam os namoros. Bebiam-se cachaça e cerveja, entravam pela madrugada as serenatas em que era imbatível Sô Gê, seresteiro com bela voz de barítono, e os desafios com Zé Badu.

De Ouro Preto íamos até Mariana, Sé Primaz das Minas Gerais.

No magnífico Museu da Inconfidência em Ouro Preto, instalado na antiga Casa de Câmara e Cadeia, onde se encontram os restos mortais de inconfidentes e partes da forca onde o Tiradentes foi supliciado, há uma imagem excepcional. Participei da sua descoberta, que merece ser narrada.

Nosso companheiro e guia frequente nas excursões que fazíamos pelos povoados próximos era o arquiteto Sylvio de Vasconcelos, servidor dedicado do Patrimônio Histórico, descendente de Diogo de Vasconcelos, grande historiador das Minas, e autor de *Mineiridade*, que Afonso Arinos prefaciou. Vimos certa vez, na matriz de Cachoeira do Campo, a mais antiga (disse-nos Sylvio) e mais bela talha dourada de Minas Gerais. Mas muitos pedaços do entalhe haviam sido arrancados. Creio que nunca a nave venerável de uma igreja ouviu descomposturas como as que Sylvio ministrou aos responsáveis por tal atentado à cultura mineira.

Um dia, ele me convidou para irmos até São Bartolomeu, pois o Isaac antiquário lhe pedia que examinasse um Cristo a seu ver "meio empelotado", mas capaz de interessá-lo. Fomos com os filhos de Rodrigo. Ao ver a escultura, Sylvio a tomou nas mãos por longo tempo. Seu olhar denotava grande admiração e interesse malcontido. Voltando-se para mim, murmurou: "É do mestre." Adquiriu-a por 500 mil réis. Não para si. Para o Museu da Inconfidência, do qual o Cristo da Flagelação do Aleijadinho se tornou uma das peças mais importantes.

Findo o ginásio, eu optara pelo Curso Clássico. Minha nítida preferência pelo estudo das humanidades e das línguas ao das ciências exatas levou-me a preterir o Científico. Porém os onze anos de colégio me pareceram intermináveis.

Também seguindo tradição da família paterna, fiz aos 18 anos, sem problemas, o exame vestibular para a então Faculdade Nacional de Direito da

Universidade do Brasil, no Palácio do Conde dos Arcos, onde funcionara o antigo Senado. Lá tive professores admiráveis, de alguns dos quais permaneci próximo pela vida afora, como San Tiago Dantas (Direito Civil), Madureira de Pinho (Direito Penal), Pedro Calmon (Teoria Geral do Estado), Hermes Lima (Introdução à Ciência do Direito), Bilac Pinto (Direito Administrativo), Lineu de Albuquerque Melo (Direito Internacional Público), Haroldo Valadão (Direito Internacional Privado). E fui trabalhar no grande escritório de advocacia do tio José Tomás Nabuco, filho caçula de Joaquim Nabuco, casado com Maria do Carmo, irmã de Afonso.

O ambiente familiar no escritório não podia ser mais agradável para mim. Mas me entediava o trabalho em si, inevitável para um estudante estagiário no começo do curso jurídico, como acompanhar andamento de processos no Foro e no Conselho de Contribuintes. Assim, quando leu-me a notícia de que se abrira concurso para o Instituto Rio Branco do Ministério das Relações Exteriores, me lancei com unhas e dentes sobre a oportunidade.

Por meio ano, nada mais fiz senão estudar durante o dia inteiro e boa parte da noite. Esqueci a praia, o cinema, o futebol. Preparava-me, sobretudo, para a prova enciclopédica de Cultura Geral, escrita e eliminatória.

Certa tarde, lendo sozinho no escritório de Afonso uma gramática da língua portuguesa, a ideia tão simples mudou minha vida para sempre: "Vou morrer. Inelutavelmente. O esforço que estou fazendo não tem a menor razão de ser." Nesse instante, senti algo que nunca mais se repetiria. Uma espécie de forte choque elétrico percorreu-me a espinha do alto a baixo, e voltou. A ideia da morte me engolfara, mas o seu eclodir de forma violenta pode, ou deve, ter ocorrido por esgotamento causado pela entrega exaustiva ao estudo. O meu amigo Hélio Pellegrino, psicanalista, me disse que, em verdade, eu pensara na morte pela primeira vez naquela ocasião. Desinteressei-me de tudo. À mesa, não conversava com meus pais e meu irmão, nem prestava atenção ao que me diziam. Respondia a todos como um autômato a um eco longínquo. Li o que pude sobre teologia e a existência de Deus. As *Confissões* de Santo Agostinho me marcaram profundamente.

Afonso, desconfiado de alguma causa somática da depressão na qual eu afundara, encaminhou-me a Pedro Nava, que receitou: "Você não tem nada. Precisa é de dormir com uma boa mulata, sem nenhuma literatura."

Mas eu já me havia preparado muito. Passei no concurso em terceiro lugar, entre 150 candidatos. A família correu um pires levantando quatrocentos dólares, e me mandou para a Europa.

Tramonto

* * *

Em Londres, Jayme Chermont, ministro-conselheiro e meu tio por afinidade, casado com Zaíde, santa irmã de Afonso, hospedou-me com a maior generosidade, enquanto José Joaquim Muniz de Aragão, embaixador e outro tio afim, marido de Isabel Rodrigues Alves, tia de Anah, me recebeu com amizade. Ofereceu-me seu passe para a tribuna diplomática, de onde pude presenciar, na sessão de abertura do Parlamento após os feriados do fim de ano, um longo discurso de Winston Churchill como líder da oposição conservadora. Churchill pedia contas ao primeiro-ministro Clement Attlee sobre a nacionalização da indústria carvoeira pelo governo trabalhista, que ocorrera durante o recesso parlamentar, por ele considerada *"a burning issue"*. Depois, acomodou-se em um lugar onde caberiam dois deputados, e não cedeu espaço para Anthony Eden, que tentava sentar-se a seu lado. Parecia um touro cansado e abúlico.

Em seguida, Paris (Paris aos 20 anos!), onde já estavam os tios Chagas, Carlos e Anah, irmã caçula de Afonso. Visitei, no Hotel Ritz, o velho embaixador Luiz de Sousa Dantas, que ajudou tantos judeus a fugirem para o Brasil, concedendo-lhes vistos de viagem, quando, durante a guerra, nossa embaixada foi transferida para Vichy, sede de governo do marechal Pétain. Sousa Dantas semelhava um galo velho, com as asas caídas. As perspectivas incomparáveis da cidade, os passeios pelos bulevares e arredores, Malmaison, Fontainebleau, Versalhes, Chartres com Françoise. Acompanhei a tia Anah Chagas a um desfile de modas do costureiro Jacques Fath. Chá, no Ritz, com Eugênia Maria, a bela Mimi, filha do embaixador Ouro Preto, embrulhada no seu manto de leopardo. Vanja Orico tocando violão no bar do hotel onde nos hospedávamos. A vida noturna agitada com os primos Cesário Alvim, que trabalhavam no Escritório Comercial. Juliette Gréco, após cantar na Rose Rouge, nos recebeu deitada em seu quarto, qual nova madame Récamier. Não havia depressão que durasse. Mas passei a me confrontar com o divino até o fim da vida.

Depois, conheci Roma, a convite da generosa tia Maria do Carmo Nabuco. O núcleo político da minha família paterna esteve na casa de Afrânio, depois nas de Virgílio e Afonso Arinos. A casa dela sempre foi o nosso centro social.

Maravilhado, percorri o Foro Romano, o Palatino, o Capitólio, a basílica de São Pedro e tudo o que pude ver em menos de uma semana. Assisti a uma cerimônia de beatificação em São Pedro, oficiada por Pio XII. Encontrei o cardeal Aloisi Mazzela na embaixada do Brasil junto à Santa Sé, onde foi recebido com uma vela acesa de cada lado da porta de entrada, conforme mandava então o protocolo. Ele me crismara quando núncio apostólico no Rio de Janeiro, e perguntou por minha tia Zaíde. Deoclécio de Campos, amigo da mocidade de Afonso Arinos, diretor-geral dos Museus Vaticanos, levantou-se da mesa do Canova, onde trabalhava, para me mostrar os Museus. Aconselhou-me a deitar em um dos bancos então existentes na Capela Sistina vazia, a fim de não sentir torcicolo, e me deu uma aula completa sobre o significado histórico, artístico, filosófico e teológico da obra pictórica prodigiosa de Michelangelo e outros grandes artistas da Renascença, existente no teto e nas paredes. Conduzi a bela prima Sílvia Maria (Vivi Nabuco), envolta em um vison branco, a uma festa da princesa Drago.

De volta ao Brasil, acompanhei Afonso Arinos à capital paulista, onde *O Estado de S. Paulo* e Júlio de Mesquita lhe ofereciam um banquete, homenageando-o pela sua lei contra a discriminação racial, numa grande mesa com formato de U, em cujo centro ficaram Júlio e Afonso. Sérgio Buarque de Holanda, marido de Maria Amélia Cesário Alvim, prima-irmã de Afonso, e Oswald de Andrade, já bem emagrecido pelo câncer que o mataria, conversavam comigo, Sérgio procurando lugar para nos sentarmos. Oswald sugeriu: "Na ponta da mesa, para podermos falar mal dos outros."

Algum tempo antes, Afonso Arinos fora convidado para ser membro de banca examinadora na Faculdade de Filosofia de São Paulo, em um concurso de literatura brasileira no qual concorriam dois amigos seus, Antonio Candido e Oswald de Andrade. Na véspera do exame, Oswald o procurou à noite, no hotel em que se hospedava. Queria ouvir de Afonso as perguntas que tencionava fazer-lhe no dia seguinte. Arinos não gostou, e pediu a Oswald respeito pela velha amizade que os unia. Ao que o grande provocador retrucou ser Afonso um pequeno-burguês sentimental, que votaria nele porque estava recém-casado, com a mulher grávida e andando de bonde, pois não tinha dinheiro para pagar táxi. Acabaram ambos rindo, e Arinos votou em Antonio Candido.

Noutra ocasião, visitei em São Paulo a tia-avó Antonieta Prado, viúva do primeiro Afonso Arinos. Filha do conselheiro Antônio Prado, sobrinha de Eduardo Prado, irmã de Antônio Prado Júnior e Paulo Prado, ela me abriu a porta na entrada da mansão, ereta, apoiada em sua bengala. Habituada a conviver com escravos na infância e na primeira mocidade, indagou-me: "Meu filho, Afonsinho enlouqueceu?" Afonsinho era o sobrinho, autor da lei Afonso Arinos contra a discriminação racial. "Por quê, tia Antonieta?" "Essa lei..."

Meus cursos de bacharelado e doutorado em Direito Público na Faculdade Nacional de Direito, e o de Preparação à Carreira de Diplomata no Ministério das Relações Exteriores, não têm história. Mas, no Instituto Rio Branco, durante a primeira aula de Prática Diplomática, o professor, diplomata de carreira, indagou dos alunos quantos e quais eram casados. Dois levantaram a mão. Então, ele recomendou aos demais discípulos retardarem a conclusão do matrimônio, pois, solteiros, poderiam valer-se de suas relações com as esposas dos colegas estrangeiros a fim de obterem informações profissionais úteis para o Itamaraty. Como o regulamento nos permitia faltar até dez por cento das aulas, e as suas eram escassas, pude evitar ouvir mais conselhos desse gênero até o fim do curso.

Passei o bacharelado em Direito para a noite, a fim de estar presente no Instituto Rio Branco durante o dia. Costumávamos almoçar no Itamaraty com João Guimarães Rosa, chefe da Divisão de Fronteiras, no famigerado restaurante conhecido como "Bife de Zinco", para contrapor-se ao elegante "Bife de Ouro" do Copacabana Palace, por causa do calor que nele sentíamos devido à cobertura metálica do telhado e pela contextura da carne ali servida.

Rosa gostava de conversar com os jovens colegas, e me disse que, na orelha do seu livro de contos *Corpo de baile*, em vez das informações habituais sobre a obra e o autor, transcreveria o poema em prosa "Buriti perdido", do meu tio-avô Afonso Arinos, como reconhecimento de sua filiação literária ao escritor sertanista. Contou-me estar preparando um romance que chamaria *Grande sertão: veredas*. Alteava a voz ao proferir "Grande sertão", sussurrando depois "veredas", para revelar que não pretendia comparar o seu "sertão" a *Os sertões* de Euclides da Cunha.

Guimarães Rosa era cônsul em Hamburgo até ser retido em Baden-Baden com outros diplomatas brasileiros, aguardando serem trocados pelos alemães detidos no Brasil quando da ruptura de relações entre os dois países. Foi então que ele pediu a Sylvia Moscoso, mãe de Beatriz, minha futura esposa, que trouxesse da Alemanha para o Rio os originais dos contos de *Sagarana*.

Concluí o curso do Instituto em 1952, e fui diplomata de carreira aos 21 anos. O presidente Getúlio Vargas deu-me a mão gorda e peluda ao me empossar sorrindo: "Tens uma grande tradição a seguir nesta casa. Muitas felicidades." Pensava, decerto, em Afrânio, seu ministro das Relações Exteriores quando chegou vitorioso da revolução, em 1930. Talvez se lembrasse também de Caio, primogênito de Afrânio, que enviara como embaixador a Paris, onde faleceu.

Getúlio felicitou Afonso, que comparecera à cerimônia, por ter um filho diplomata. Mas Arinos recordou que ele já era presidente da República quando nasci. Vargas soltou uma risada.

O ministro João Alberto Lins de Barros, remanescente da Coluna Prestes e velho amigo de Afonso Arinos, chefiava o Departamento Econômico do Itamaraty, e me convidou a trabalhar com ele, alegando que "o resto é perfumaria". Agradeci a gentileza mas declinei, optando por uma divisão no Departamento Político, setor com o qual sentia maior afinidade. Na Comissão de Organismos Internacionais, me indicaram uma mesa vazia. Na mesa pegada, se aboletava o poeta-diplomata Vinicius de Moraes. Dele me tornei inseparável nos anos seguintes.

Ao sairmos do Ministério, Vinicius ia comigo até o jornal *Última Hora*, ali perto, para entregar sua crônica diária. E nos integrávamos na rodinha costumeira, a conversar, enquanto Tati, já separada dele, rondava o grupo, mas sem aderir. Assim nasceu o samba de Vinicius "Quando tu passas por mim".

O poeta tinha deixado, pouco tempo antes, Regina Pederneiras, funcionária do Itamaraty, musa da *Balada das arquivistas*, com quem ia passear de mãos dadas pelo Campo de Santana. A rápida separação foi causadora de desmaios de Vinicius pela madrugada, e intervenções clínicas de Pedro Nava junto ao poeta, primeiro amistosas, e severas mais tarde. Depois, seguíamos para o Maxim's, em Copacabana, onde Vinicius encontrava Lila Bôscoli, e compunha para ela a canção *Balada dos olhos da amada*. Quase todas as noites, frequentávamos o Maxim's. Lá se achavam Rubem Braga, Paulo Mendes Campos, Antônio Maria, Sérgio Porto e outros boêmios talentosos. Eu saía do Maxim's para ouvir Dolores Duran cantar no Michel, logo ali atrás, no "Beco das Garrafas".

Tramonto

Fui com Afonso e Anah celebrar os 40 anos de Vinicius de Moraes. E, comemorando com Vinicius o nascimento de sua filha Georgiana, amanhecemos o dia em um bar do Posto 6, na avenida Atlântica.

Ao ouvir o nome da menina, Afonso Arinos opinou: "Homenagem a Stalin, nascido na Geórgia." Quando se tornou público o relatório Kruschev, apresentado ao 20º Congresso do Partido Comunista da União Soviética, e devastador contra Stalin, combinei com Otto Lara Resende tomarmos satisfações ideológicas ao poeta, e para visitá-lo adentramos o pequeno apartamento que alugava em Ipanema, onde ele estava acamado, com Tom Jobim à cabeceira. Vinicius hesitava, porém decretou por fim sobre o georgiano: "É uma grande figura, mas um monstro moral."

Certa vez, um contínuo do Ministério lhe entregou grande quantidade de correspondência. Indaguei se era toda por causa da sua coluna diária no *Última Hora*. Meio sem jeito, indagou-me se eu conhecia o suplemento *Flan* daquele jornal, e se sabia da existência de um consultório sentimental ali publicado, que Helenice assinava. Eu já vira a matéria, embora não a houvesse lido. Então, Vinicius confessou ser ele a autora. Utilizava o nome de Helle Nice, francesa corredora de automóveis, que chegou a disputar o circuito da Gávea nos anos trinta.

Foi nessa época que Vinicius me apresentou a outro poeta e diplomata. Fê-lo quando lhe perguntei se tinha uma aspirina. Disse-me que não, mas me levaria à Divisão Cultural, onde um colega nosso possuía uma gaveta cheia de analgésicos. João Cabral de Melo Neto sofria de enxaqueca constante, e me disse que tomava uma aspirina a cada quatro horas. Faria isto até que quase o matou uma úlcera perfurada no estômago, quando servia no Porto como cônsul-geral. A cirurgia a que foi submetido curou-o da úlcera e, misteriosamente, também da enxaqueca.

Eu seria próximo a Vinicius e João durante o resto da vida de ambos, embora distante pelas injunções da nossa carreira diplomática.

Vinicius foi removido mais tarde para a França, e me escreveu de Paris contando a expectativa na qual se encontrava de que se concretizassem os entendimentos para a realização de *Orfeu negro*, o belo filme dirigido por Marcel Camus, agraciado em Hollywood com o Oscar para o melhor filme estrangeiro de 1960. *Orfeu negro* era baseado na peça teatral *Orfeu da Conceição*, de

Vinicius de Moraes. Caso contrário, ele pensava, não teria outro remédio senão encerrar a vida como embaixador, a seu ver a "perspectiva mais sinistra" que podia conceber.

Certa vez, eu bebericava com Rubem, sozinhos em uma mesa do Maxim's, quando entrou, acompanhada, a bela Tônia Carrero. E Rubem se queixou: "Tanto bar em Copacabana, e essa mulher, com quem vivi por dois anos, vem sentar-se logo aqui com o marido."
Era meu costume frequentar o apartamento de Rubem Braga na rua Prudente de Morais, quase esquina da Montenegro, Vinicius de Moraes após a morte do poeta, pelo fato de ele ter composto com Tom Jobim, no bar hoje chamado Garota de Ipanema, a linda canção que lhe deu o nome.
Quando lá cheguei certa tarde, Rubem havia recebido, naquele dia, ligação telefônica de Zora Seljan, sua ex-esposa, para informá-lo de que resolvera unir-se a Antônio Olinto. Bom homem, gostava muito dela, poderiam ser felizes. Rubem ouviu em silêncio, depois concordou em parte: "Zorinha, estou certo de que você deve ter melhorado de marido. Mas, no estilo, você piorou, pois o Braguinha escreve muito melhor."

Sérgio Porto se aparentava com Anah pelo lado paterno de minha mãe, e ela podia localizar as tias Zulmiras das suas crônicas.

Em dezembro de 1952, perguntaram-me se já havia providenciado meu passaporte diplomático, e indaguei para quê: "Porque o ministro João Neves da Fontoura o designou para acompanhá-lo ao Peru, onde vai inaugurar uma avenida com o nome do seu avô." A memória de Afrânio de Melo Franco, "El Pacificador", era cultuada naquele país pela sua mediação no litígio com a Colômbia pela posse de Letícia, povoação amazônica próxima ao Brasil.
Quando os delegados do Peru e da Colômbia fecharam o acordo de paz obtido por Melo Franco, ele não pôde celebrá-lo, nem mesmo se alegrar, porque, naquela mesma noite, se extinguia Sílvia Amélia, a filha mais velha, que ajudara o pai viúvo a criar sua família numerosa. Para Afonso Arinos, Amelinha era a pessoa que Afrânio mais amava no mundo.
Pela atuação vitoriosa de Afrânio de Melo Franco na questão de Letícia, muitos estadistas europeus, seus amigos e companheiros na Liga das Nações,

lhe sugeriram o nome para o Prêmio Nobel da Paz. Contudo, embora permanecendo como mediador pela vontade dos dois países desavindos, ele se havia exonerado do Ministério das Relações Exteriores, solidário com o filho Virgílio, preterido por Getúlio Vargas na escolha de quem governaria Minas Gerais. E o Itamaraty perdeu, não só o prazo para a inscrição de Afrânio como candidato ao prêmio, mas também a oportunidade, segura naquela ocasião, de que o Brasil recebesse um Prêmio Nobel, conquista até hoje irrealizada. Na opção seguinte, o prêmio foi atribuído ao chanceler argentino Saavedra Lamas, pela mediação entre o Paraguai e a Bolívia na questão do Chaco.

Fui com meus pais a Lima, onde era embaixador Caio de Melo Franco, irmão primogênito de Afonso Arinos. Afonso proferiu belo discurso de improviso, do plenário da Câmara dos Deputados peruana. Com Anah, visitei o convento onde viveu e morreu Santa Rosa de Lima. Lembro-me do que estava escrito em um lado do seu túmulo: "*Lego mi cuerpo a mis hermanos domenicos pidiendoles la limosna de una sepultura. Rosa de Santa Maria.*" E do outro: "*Esta es la tumba más grande de America. Mello Franco.*"

Assisti a uma partida de futebol no estádio de Lima, e me impressionou, ao voltar-me para a arquibancada, ver a maré mongólica das fisionomias indígenas. Percebi que aquela terra era deles, explorados e discriminados pelos conquistadores brancos espanhóis durante séculos de espoliação, e desejei sinceramente a revolução social andina.

Meu tio Caio sofrera várias crises cardíacas como embaixador na Índia. Não se sentia bem no Peru, quando foi nomeado embaixador na França. Por razões de saúde, teria preferido a Itália, mas o Itamaraty insistiu. Vi-o pela última vez no Rio, ao ser convidado por ele para almoçarmos no Copacabana Palace. Durante o almoço, tirou o anel do dedo, mostrando-me a bonita pedra sanguínea, com manchas vermelhas sobre fundo verde. Então, me ofereceu o anel. Percebi que era um presente de despedida. Tempos depois, eu estava com Bia em Guaratinguetá, na fazenda dos Rodrigues Alves, quando ouvi, pelo rádio do automóvel, a notícia da morte de Caio em Paris.

Em 1953, o Itamaraty me enviou como correio diplomático às nossas embaixadas na Argentina e no Chile. Na viagem, eu levava a mala de couro acorrentada ao pulso, para que os documentos sigilosos nela contidos não se extraviassem. Aqueles destinados a Buenos Aires eram particularmente delicados, devido à relação ambígua do presidente Getúlio Vargas, pelos seus antecedentes autoritários, com o caudilho portenho Juan Perón. Em Santiago, o embaixador Cyro de Freitas Valle, velho amigo da minha família, hospedou-me na grande e bela sede da nossa Embaixada, o Palácio Errazuriz, que pertencera também aos Edwards, ambas famílias chilenas muito ricas e poderosas.

No mesmo ano, ganhei do Ministério um estágio na Organização das Nações Unidas (ONU), por haver sido um dos mais bem colocados na minha turma do Instituto Rio Branco. Na ONU, ouvi grandes oradores, como o soviético Andrei Vishinski e o peruano Victor Andrés Belaunde, velho amigo de Afrânio de Melo Franco. Enviaram-me a Washington, por pouco tempo, para colaborar com a Delegação do Brasil na 8ª Sessão da Assembleia Geral da Organização dos Estados Americanos. Fora das Nações Unidas, costumava assistir a um festival cinematográfico de verão, onde vi um dia os clássicos russos *Alexandre Nevski* e *O encouraçado Potemkin*, de Sergei Eisenstein, e no outro os britânicos *Pigmalião* e *Major Barbara*, baseados em peças de Bernard Shaw. Muitos anos depois, Augusto Boal me contou que em Nova York, pela mesma época, fazia programa idêntico. Mas eu senti toda a solidão da metrópole imensa. Meu colega diplomata Nísio Batista Martins disse-me então: "Vou apresentá-lo a uma amiga que está aqui sozinha, Beatriz Moscoso Fontenelle. Assim, pelo menos, vocês poderão ir juntos ao cinema." Beatriz estudava na Escola de Desenho Interior e Decoração. Buscamo-la no apartamento que alugara e a levamos a um coquetel na residência da cônsul Dora Vasconcelos. Muitos anos depois, Bia me contou haver dito a Dora naquele dia, referindo-se a mim: "É este." E era. Foi o encontro essencial da minha vida. Seduziu-me ao vê-la, e me encantou conhecê-la. Nunca mais nos deixamos. Estas memórias são também dela.

Frequentávamos, inseparáveis, cinemas, teatros, museus, clubes noturnos onde vimos estrelas famosas de Hollywood, bares prediletos dos bêbados na Bowery. Ouvimos Harry Belafonte cantar em Nova Jersey, passeávamos, fazíamos excursões, passamos fins de semana em Connecticut, na casa de campo de Risa Catão, sua futura madrinha de casamento.

Ainda durante o governo Vargas, João Cabral, Antônio Houaiss e três outros diplomatas tinham sofrido processo ideológico, acusados de serem comunistas por um colega que buscava progredir na carreira à custa da delação premiada. Afastados da profissão, os cinco seriam nela reintegrados por sentenças do Supremo Tribunal Federal.

Mas, se o Itamaraty estava obrigado legalmente a recebê-los, podia não enviá-los a postos no exterior, onde a retribuição salarial dos diplomatas era bem melhor do que no Brasil. João Cabral passara muito tempo sem receber proventos, pois os diplomatas processados haviam sido afastados sem remuneração, inconstitucionalmente. Sua situação financeira se mostrava muito precária. Foi nomeado, afinal, para o Consulado em Barcelona, com a missão específica de fazer pesquisas históricas no Arquivo das Índias, em Sevilha. Mas Carlos Lacerda dirigira campanha cerrada contra os acusados, através da sua *Tribuna da Imprensa*. Como servir na Espanha, durante o regime fascista de Franco, sob a pecha de comunista? Propus-me levar Cabral a Lacerda para que se entendessem pessoalmente, e ele anuiu.

A reunião começou tensa, pois João estava muito nervoso. Porém a pequena Cristina apareceu, pulou no colo do pai, e o ambiente distendeu-se aos poucos. Carlos foi generoso. Disse compreender perfeitamente, como antigo simpatizante, a diferença entre pertencer ao aparelho do Partido Comunista e ter inclinações de esquerda. Cabral seguiu para a Espanha, e a *Tribuna* nada publicou sobre a remoção do diplomata.

Mas o sossego de João durou pouco. Certa manhã, o capitão do porto de Sevilha despertou o cônsul brasileiro com a notícia insólita de que um barco amanhecera fundeado no Guadalquivir hasteando grande bandeira do Brasil, sem qualquer aviso prévio de sua chegada, nem permissão das autoridades espanholas. O nosso cônsul em Tanger, no Marrocos, legendário por problemas que criava ao ingerir bebidas alcoólicas, resolvera, durante uma noitada de alegres libações, atravessar o Mediterrâneo com amigos, penetrando em território espanhol por Jerez de la Frontera, e subir o Guadalquivir até Sevilha. Contudo, graças ao empenho do prudente João Cabral, a ameaça de invasão da Espanha por um bando de pândegos brasileiros não chegou a criar problema de maior monta para o poeta-diplomata.

Designado pelo Itamaraty a fim de integrar a Delegação do Brasil à X Conferência Interamericana em Caracas, 1954, segui com meus pais para a Venezuela, pois Afonso, líder da minoria, fora nomeado representante da Câmara dos Deputados na Conferência.

Na cerimônia inaugural, efetuada na Universidade Central de Caracas, o coronel Marcos Perez Jimenez, ditador militar, ingressou no auditório protegido por soldados portando metralhadoras, que o rodeavam com as armas apontadas para uma plateia visivelmente constrangida.

Durante a Conferência, houve um dia em que os chanceleres colombiano e peruano, entrando abraçados no plenário, deram por encerrado o incidente diplomático entre os dois países, em virtude do qual o chefe político Victor Raul Haya de la Torre, fundador, no Peru, da Acción Popular Revolucionaria Americana (Apra), se mantivera refugiado por longos anos na embaixada da Colômbia em Lima. A Apra reivindicava o fim tão justo e necessário da opressão ancestral dos povos indígenas da América pelos colonizadores brancos. O peruano Victor Andrés Belaunde, por detrás dos bigodes em guidom de bicicleta e do colarinho engomado, falava-me do meu avô Afrânio, de quem fora interlocutor na questão de Letícia. Admirável de bravura o discurso do chanceler Guillermo Toriello, desafiando a intervenção americana na Guatemala, que o secretário de Estado John Foster Dulles preparava em Caracas junto às demais delegações, e se efetuaria pouco após, depondo o presidente Jacobo Arbenz. Com o apoio do Brasil.

Atuei como secretário na Comissão Jurídica, onde Afonso era o delegado brasileiro. Ali se prepararam os projetos das convenções de asilo diplomático e territorial. A primeira me ocuparia muito, quase três décadas mais tarde, como embaixador na Bolívia.

O jornalista Carlos Lacerda, com a agressividade habitual, criticara seguidamente Afonso Arinos, na *Tribuna da Imprensa*, por haver representado a Câmara dos Deputados na Conferência de Caracas, sendo líder da oposição. A indicação pelo presidente da Câmara, Nereu Ramos, se devera, justamente, à importância da Conferência, a primeira realizada após a promulgação da Carta da Organização dos Estados Americanos. Por isso os dois líderes, da maioria e da oposição, tinham sido designados. Mas Gustavo Capanema, líder do governo, adoeceu às vésperas do embarque, e não pôde viajar. Arinos seguiu sem ele. Por causa daqueles ataques a meu pai, escrevi a Carlos uma carta muito violenta, que implicava o rompimento de relações.

Meses mais tarde, ocorreu o atentado na rua Tonelero contra Lacerda, promovido pela guarda pessoal de Getúlio Vargas, ocasionando a morte de um oficial da Aeronáutica, o major Rubens Vaz. Como Afonso se achava no interior de Minas Gerais, em plena campanha eleitoral para deputado, senti que devia representá-lo junto a Carlos. Fiz das tripas coração, e o procurei. Creio que ele era sincero ao abraçar-me, dizendo: "Sua visita foi a que maior alegria me deu no dia de hoje."

Afonso voltou de Minas e falou como líder da oposição na Câmara. Improvisou o discurso culminante da sua carreira de orador, ao endossar palavras proferidas dias antes pelo deputado Aliomar Baleeiro, que queria "o afastamento" de Getúlio Vargas. Ouvi-o das galerias, e, quando desceu da tribuna, o abordei embaixo, pedindo explicações por aquela tempestade desencadeada. Respondeu-me: "Eu estava pensando no meu irmão."

Muito tempo depois, Café Filho e Capanema lhe diriam: "Seu discurso derrubou o governo."

Pela manhã, eu o encontrara no escritório, tenso, agitado e vingativo. O coronel Adyl de Oliveira, dirigente da comissão de inquérito que se criou na base aérea do Galeão para apurar o homicídio do major-aviador, lhe havia telefonado narrando o aparecimento de indícios que associavam a morte de Rubens Vaz ao assassinato de Virgílio de Melo Franco, ocorrido seis anos antes.

No livro *O general Góes depõe*, o jornalista Lourival Coutinho conta que Góes Monteiro lhe dissera ser Virgílio especialmente visado. Certa noite, ao chegar à sua residência, o político mineiro preveniu ao velho militar que vinha sendo perseguido por elementos da guarda pessoal de Getúlio Vargas. Defronte à própria casa do general estava o automóvel que o seguira até lá, fazendo ameaças. Góes desceu à rua e pôde ver o carro, que então se afastou.

Gustavo Capanema e Afonso Arinos, líderes do governo e da oposição, haviam sido companheiros de mocidade em Belo Horizonte, e combinaram jantar em Copacabana, no restaurante que Antônio Maria apelidara "Strogonoff Triste", para tratar da grave situação nacional. Mas triste foi o encontro, pois perceberam ambos que o problema não era mais suscetível de solução política. Agora, a crise se tornara militar.

Osvaldo Aranha, ministro de Vargas, outro velho amigo de Afonso e Virgílio, fez a Arinos esta confissão admirável: "O governo está perdido, mas eu não largo o Getúlio. Sinto-me como membro da tripulação de um submarino naufragado."

Na madrugada de 24 de agosto, Vargas licenciou-se, mas sabíamos que não lhe seria permitido reassumir a Presidência da República. Recusei convite para ir brindar ao seu afastamento. No fundo, não me sentia bem com a deposição do ex-ditador, reconduzido ao Palácio do Catete pela vontade livre do povo brasileiro. Afonso estava em casa do vice-presidente Café Filho. Chegou pelas seis da manhã. Duas horas depois, escutei no rádio a notícia do suicídio e a leitura da carta-testamento do presidente Vargas. Despertei meu pai, e lhe dei dois comprimidos de calmante antes de narrar-lhe o ocorrido.

Seguimos para a Câmara dos Deputados, no Palácio Tiradentes. Não sabíamos o que nos esperava. Magalhães Pinto aconselhou Afonso Arinos, muito visado pelo discurso em que pedira a renúncia de Getúlio, a não falar. Foi-lhe respondido que aquele era o seu dever, e só não o faria se o depusessem da liderança. Permaneci, armado, ao pé da tribuna. O líder da maioria lembrava Marco Antônio falando no Foro Romano diante do corpo morto de Júlio César, ao descrever a última conversa que Vargas mantivera com ele: "Não sairei daqui sem honra, Capanema."

O tribuno gaúcho Rui Ramos proferiu discurso incendiário, acusando Carlos Lacerda, Eduardo Gomes, Juarez Távora e Afonso Arinos como responsáveis pela morte de Getúlio Vargas.

Quando Afonso se preparava para falar, outro deputado pelo Rio Grande do Sul, João Cabanas, tomou do microfone de apartes e começou: "Senhor presidente, apesar do respeito que nos merece a pessoa do deputado Afonso Arinos..." O presidente Nereu Ramos premiu a campainha mais forte à sua frente, atroando o recinto, até a bancada governista retirar-se do plenário.

Seguimos para o Ministério da Aeronáutica, onde o brigadeiro Eduardo Gomes, já nomeado seu titular pelo presidente Café Filho, preveniu Afonso: "Controlaremos a situação, mas não sei a que preço."

Contudo, a tragédia política não foi adiante.

Falei pela primeira vez num comício noturno, em Juiz de Fora, para apoiar a candidatura de Bilac Pinto ao governo de Minas Gerais. Antes, fora com Beatriz àquela cidade a fim de levar cédulas para a campanha de Afonso Arinos a deputado federal, pois os cabos eleitorais de outro candidato pelo seu partido estavam destruindo todas as cédulas de Afonso que encontravam nas cabines de votação.

Nesse ano, Bia e eu ficamos noivos.

O deputado mineiro José Monteiro de Castro, escolhido por Café Filho, que sucedera Getúlio Vargas, para ser chefe da sua Casa Civil, convidou-me a fim de exercer as funções de oficial do gabinete da Presidência da República. Chefe do Gabinete Militar era o general Juarez Távora, e subchefe o coronel Ernesto Geisel.

Café ficou surpreso quando o chanceler Raul Fernandes levou-lhe meu nome para promoção a segundo secretário. Eu nunca lhe havia dito que era diplomata de carreira.

Etelvino Lins, governador de Pernambuco e frequentador assíduo do Palácio do Catete, entregou-me duas passagens aéreas para assistir, no Recife, à posse do seu sucessor, o general gaúcho Osvaldo Cordeiro de Farias, velho amigo de meus parentes. Ofereci o segundo bilhete a João Cabral, então sem recursos para visitar a família em Pernambuco. João aceitou, sob a condição de que me hospedasse em casa de seus pais.

Na noite da posse, o governador recepcionou os convidados em um grande hotel. Quando saí para espairecer, encontrei tomando a fresca, sentado à beira do rio, o poeta Ascenso Ferreira, que tinha o hábito de visitar Afonso Arinos no Rio de Janeiro para vender-lhe discos nos quais recitava seus belos poemas com a voz grave e rouca de sertanejo. Ascenso demonstrou ceticismo: "Eu gostava era do Cordeiro dos bons tempos: capador de padre!"

Mais de vinte anos depois, entrevistei Cordeiro de Farias para a revista *Fatos e Fotos*. Interessei-me pela reação de Getúlio Vargas quando o general lhe foi levar o ultimato militar para que abandonasse o poder em 1945, após oito anos da ditadura do Estado Novo. Cordeiro contou-me, pedindo que não o pusesse por escrito na ocasião: "Manteve a dignidade, a postura e a compostura de sempre. Mas houve um momento em que dos seus olhos correram duas lágrimas."

Eu quis saber a história do "capador de padre". Cordeiro de Farias sorriu meio sem jeito, abanou a cabeça, acabou narrando, com a sua fala descansada: "É a única lembrança da Coluna Prestes que me desgosta. Aconteceu em Piancó, na Paraíba. Eu chefiava o destacamento dianteiro. O Djalma Dutra comandava o do meio. O do Prestes vinha na retaguarda. Foi quando apareceram uns emissários do padre Aristides Ferreira da Cruz, nos convidando para pousarmos. O padre era atrabiliário e façanhudo, chefe político e mandachuva na região. Eu não gostei da ideia, mas o Prestes terminou por concordar. E mais desconfiado fiquei ao observar que, quanto mais nos aproximávamos do lugar, só encontrávamos mulheres e crianças no caminho. Depois tive a confirmação: o padre

Aristides chamara os homens para Piancó. Afinal, meu destacamento chegou. A casa do padre ficava no fundo do largo. E, de repente, rompeu a fuzilaria, da casa e dos edifícios nos lados da praça. Os jagunços atiravam através de furos nas paredes grossas, onde metiam os canos das espingardas. Nós trazíamos uma metralhadora, e conseguimos assentá-la sucessivamente contra as duas posições laterais, silenciando-as." "E o padre?" "Pois veja você o que se aprende e se improvisa nessas guerrilhas. Ajeitamos uns projéteis incendiários com latas de gasolina amarradas em lençóis, que lançamos pelas janelas abertas da casa. Faziam uma fumaceira danada. O padre acabou se entregando com seus capangas. Mas tínhamos perdido oito homens na refrega. Dos melhores, gente que vinha conosco lá do sul, desde o princípio. Os meus soldados queriam ir à forra. Aguardei a chegada do Djalma Dutra, e ele confirmou a inquietação do pessoal sedento de vingança. O padre estava preso, ali, sob a guarda deles..." "Então o que fizeram?" "Não demos ordem nenhuma, não autorizamos nada. Eu não vi coisa alguma. Mas depois andaram dizendo que tinham capado o padre."

Nos interregnos das cerimônias da posse, os irmãos João e Evaldo Cabral de Melo se divertiam ao ver-me aparecer de manhã envergando um roupão, e beijar cerimoniosamente a mão de Carmen, sua mãe. A cavala-perna-de-moça servida ao almoço era inesquecível. Ariano Suassuna, meu confrade na Academia, recorda que nos conhecemos quando, naquela época, eu acompanhava ao violão *Último desejo*, de Noel Rosa, cantando com Aluísio Magalhães em sua casa. Aluísio e eu ainda tocamos violão, a caminhar pelas ruas desertas do Recife à noite, depois de uma festa no Iate Clube.

Viajei com João Cabral até João Pessoa, onde o poeta queria oferecer seu livro *O rio* a José Américo de Almeida, governador da Paraíba, que mais tarde iria recebê-lo na Academia Brasileira. Procuramos José Américo no palácio do governo, mas fomos encontrá-lo na sua casa de praia em Tambaú, com uma pequena bisneta ao colo.

Visitamos o engenho Massangana, onde Joaquim Nabuco, avô de meus primos, fora criado. Acompanhava-nos o jovem e bom poeta Carlos Pena Filho, que nos recitou sua *Ode ao Recife* do alto de um penhasco na praia de Gaibu, e morreria pouco depois, em um acidente de automóvel.

Como único membro ainda solteiro do Gabinete Civil da Presidência da República, acompanhei a bela Marta Rocha, Miss Brasil, que perdera o título de Miss Universo pelo excesso de duas polegadas nos quadris, em sua audiência com o presidente da República no Palácio do Catete. A imprensa caíra sobre ela e, ao recebê-la, Café Filho brincou sobre um seu suposto noivado comigo, e se ofereceu para padrinho. Marta respondeu achar o alvitre "interessante". Levei-a a um jantar oferecido pelo *Diário Carioca* no Copacabana Palace, houve fotos nos jornais. A Bia, minha noiva de verdade, o episódio não agradou. Desejava um desmentido, mas preferi deixar morrer naturalmente, como nascera, o meu suposto romance com a linda baianinha.

Preparávamos o matrimônio. Quando comuniquei essa intenção a Pedro Calmon, reitor da Universidade do Brasil, ele nos ofereceu a Capela de São Pedro de Alcântara, na sede da Reitoria, antigo hospício imperial, para ali se efetuar a cerimônia.

Lembrava-me do hospício, que conhecera desde menino pequeno, quando por lá passávamos vendo os loucos agarrados às grades. "Bom lugar para casamentos", brinquei com Bia, que não comentou.

Unimo-nos em 1955, a 15 de agosto, dia de Nossa Senhora da Glória, em que Bia fizera sua primeira comunhão. Passei a noite da véspera na avenida Atlântica, vendo arder o edifício da boate Vogue, que frequentávamos quando noivos. Houve quem saltasse lá de cima, não suportando o fogo, o calor e o fumo. No dia seguinte, amigas de Bia vieram para a capela da Reitoria do funeral de uma delas. Em plena lua de mel, morrera abraçada ao marido na banheira cheia de água, tentando escapar ao incêndio.

Nossa lua de mel transcorreu na fazenda de Guaratinguetá. De lá, viajamos a São Paulo, para que eu pudesse rever a tia-avó Celina Rodrigues Alves, esposa de José Joaquim Cardozo de Mello, o tio Cazuza, que fora interventor em São Paulo. Ela estava no fim da vida.

Naquele ano, colocou-se o problema da sucessão presidencial. Atendi na casa paterna, onde a direção da UDN se reunia no escritório de Afonso Arinos, a uma chamada telefônica de Juarez Távora. Era para comunicar ao líder que renunciava de forma "irrevogável" à sua candidatura. Depois, mudaria de ideia, dizendo ter havido um mal-entendido, com a explicação confusa e pouco crível de que ele não desistiu de ser candidato, apenas recusou aquela articulação. Mais tarde, San Tiago Dantas me contou que presenciara reunião de Juarez com João Goulart, na qual o primeiro se oferecia como portador de perfeitas credenciais nacionalistas para candidato à Presidência da República, pois fora autor do Código de Minas, e sua biografia apresentava outras atitudes progressistas. Goulart ponderou, razoavelmente, que Juarez não poderia receber votos do Partido Trabalhista Brasileiro após o papel que tivera na deposição de Getúlio Vargas. Juarez voltou atrás, não quis ser lançado pela União Democrática Nacional, mas o foi pelo Partido Democrata Cristão, e a UDN o apoiou sem o mesmo entusiasmo, para vê-lo, afinal, derrotado por Juscelino Kubitschek.

Fernando Sabino, com a energia habitual, se empenhou muito pela campanha eleitoral de Juarez Távora. Ajudava a redação dos discursos, acompanhava-o nos comícios, inclusive puxando, em vão, a aba do paletó de Juarez para evitar que ele falasse contra o jogo em Araxá. Porém, finda a campanha, me disse que havia trabalhado pela última vez por um candidato conservador. Como me desagradara a atitude oportunista do marechal, ao desistir de uma candidatura possível que lhe era oferecida espontaneamente, buscando outra inviável, para se acomodar, afinal, com a primeira, como a um mal menor, houve um dia em que Fernando e eu debatemos asperamente o assunto. Afinal, percebendo a inanidade da divergência entre dois velhos amigos, procurei encerrá-la, indagando da sua filha Eliana, de 10 anos, o que pensava daquela discussão boba. E a menina fechou o assunto com chave de ouro: "Eu acho que nem você nem papai entendem de política, pois do vovô [Benedito Valadares, para quem conversa de três era comício], que entende, a gente nem escuta a voz dele."

Eu conhecia Fernando Sabino desde os seus 17 anos, e os meus 10, quando o jovem mineiro contador de histórias publicou seu primeiro livro de contos, *Os grilos não cantam mais*, ainda assinado Fernando Tavares Sabino (antes do conselho de Mário de Andrade, para quem escritor que se preze só devia firmar dois nomes), e fora visitar em casa o crítico Afonso Arinos de Melo Franco para lhe oferecer a obra. Lembro-me bem do episódio pois, nele, o que mais me chamou a atenção foram as botinas altas de sertanejo calçadas por Fernando. Décadas mais tarde, recordei-lhe o fato, e ele me explicou que nunca as usava em geral. Fizera-o, naquela oportunidade para impressionar e, se possível, comover o crítico mineiro, suscitando-lhe a boa vontade literária.

Testemunhei, no Palácio do Catete, a vaga, desajeitada e inepta conspiração para negar posse a Juscelino.

Café, alegando um problema cardíaco (visitei-o no hospital), passara a chefia do governo a Carlos Luz, presidente da Câmara dos Deputados.

A 10 de novembro de 1955, Afonso me telefonou da Câmara informando que um mensageiro de Roberto Marinho, dono d'*O Globo*, lhe trouxera aviso do general Odylio Denys, comandante do I Exército, de que haveria resistência militar caso o ministro da Guerra, general Henrique Lott, fosse exonerado, como se propalava. Levei a mensagem ao chefe interino do Gabinete Militar, um coronel incumbido de coordenar generais, o qual respondeu que se tratava de "guerra de nervos".

Embaixo, o deputado Tenório Cavalcanti, bem-informado, chegava da Vila Militar dizendo que os soldados estavam prontos para resistir, na hipótese de demissão do seu chefe. Vi Prado Kelly, ministro da Justiça, tomá-lo pelos ombros e o afastar sorrindo: "Tenório, não alarme o governo."

Lott aguardava sentado na antessala presidencial, com o quepe no colo. "Ele está vermelhinho, esperando", ria-se Monteiro de Castro. Passei mais de uma vez pelo general a fim de despachar com Luz, que me apontou o decreto da exoneração do ministro da Guerra sobre a mesa, e convidou-me para a sessão de cinema no palácio, que se efetuaria naquela noite. Agradeci, declinei e fui para casa. Pouco à vontade com o ambiente, combinei com Bia: "Cinema por cinema, melhor irmos ao São Luiz."

Assim, não fui parar no cruzador *Tamandaré* após o golpe de 11 de novembro, orquestrado naquela noite pelos generais Lott e Denys.

Carlos Lacerda tinha procurado Afonso Arinos em casa, tentando convencê-lo a acompanhar os que buscaram refúgio no navio, mas Afonso recusou. Seu lugar, como líder, era na Câmara dos Deputados. Mais tarde, após o regresso do navio, ajudaria Lacerda a se asilar na Embaixada de Cuba, aos cuidados do embaixador Landa, seu amigo, após haver tentado, em vão, fazê-lo na Embaixada do Peru, onde Afrânio ficara asilado em 1930. Acompanhei meu pai ao Ministério da Aeronáutica, porém o brigadeiro Eduardo Gomes voara para São Paulo, em busca de uma resistência militar que não existia. Afonso indagou-me que dia era, e respondi. Então, ele se lembrou: "Seu aniversário, meu filho!" Fomos, depois, para o Palácio Tiradentes. Ali, Arinos combateu, como líder da oposição, contra o impedimento de Carlos Luz. No dia 22, eu lá assistiria à defesa, pelo líder, da integridade do mandato do presidente Café Filho. Lutas igualmente vãs.

A 27 de novembro, fizemos celebrar missa em Petrópolis, pelo cinquentenário de Afonso Arinos. Carlos Luz subiu a serra para assistir a ela.

Bia e eu procuramos Café no modesto apartamento que possuía em Copacabana. Estava cercado por carros blindados e tropas do Exército. Na noite do ano-novo, visitamos Luz na avenida Atlântica.

Voltei ao Itamaraty, e fui trabalhar no Departamento Político. Ali me buscou João Guimarães Rosa, que chefiava a Divisão de Fronteiras, enfiado num terno claro e todo sorridente: "Meu bem, você precisa me ajudar." Prontifiquei-me, e lhe ofereci os préstimos. Ele prosseguiu: "Estou com a minha boiada na beira do rio, e quero atravessar para Arinos. Mas como se chamava Arinos naquela época?" Eu não sabia, porém liguei para Afonso pelo telefone que ele tinha sobre a mesa de trabalho, onde devia estar escrevendo àquela hora. Caso tal se desse, Guimarães Rosa teria a resposta em um minuto. Arinos respondeu rindo: "Diga ao Rosa que se chamava Barra da Vaca." O escritor repetia a onomatopeia, feliz da vida: "Bá-rrá-dá-vá-cá! Bá-rrá-dá-vá-cá!" O conto "Barra da Vaca" está no seu livro *Terceiras histórias*.

Ao nos casarmos, adquiri um pequeno apartamento na mesma rua da Gávea onde Helena e Otto Lara Resende tinham ido morar pouco tempo antes. Ali se reuniam, então, alguns dos melhores jovens escritores e jornalistas do Rio de Janeiro. Veio o golpe militar que depôs os presidentes Café Filho e Carlos Luz. Dias após, nos encontrávamos em casa do Otto quando Nelson Rodrigues, que tinha mania dele, telefonou. Atendeu Hélio Pellegrino, indignado e exaltado com a situação política, pondo-se a verberá-la de forma violenta. Nelson, prudente, advertiu o interlocutor de que este se achava em casa do genro de um político importante, cujo telefone poderia estar censurado. Hélio, teatral, dirigiu-se então ao suposto censor, reiterando com veemência as opiniões coléricas que expusera antes, e dando seu nome, endereço e telefone para fazerem contra ele o que bem entendessem. Nelson, então, concordou: "É isso mesmo, senhor censor. A gente sempre deve assumir as próprias responsabilidades. Eu me chamo Djalma de Sousa, moro na rua Riachuelo..."

Virgílio, nosso primogênito, nasceu em 24 de abril de 1956, pelas mãos do tio Cláudio Goulart de Andrade, casado com Marina, irmã de Anah.

* * *

Vencido, para mim, o prazo regulamentar de permanência na Secretaria de Estado, e encerrada temporariamente, com a queda dos presidentes Café e Luz, minha experiência na política interna, chegava a hora de ter posto diplomático no exterior. O poeta Ribeiro Couto, grande amigo de Afonso Arinos e embaixador na Iugoslávia, me convidava a trabalhar com ele, inclusive através desta

"CANTATA

Não te tentam os Bálcãs?
Nestas terras sertanejas
Muito há que sintas e vejas
De inquietantes amanhãs.
Se vieres, bem-vindo sejas...

Tu, Melo Franco e Pereira
— Com sangue de um marechal —
Não encontras outro igual,
Posto que em tua carreira
Será o posto ideal."

Mas eu já havia procurado sobre o assunto o ministro José Augusto, sobrinho do chanceler José Carlos de Macedo Soares e chefe do seu Gabinete, que me acolheu com grande generosidade: "Você quer Paris ou Roma?" Preferi Paris. Porém, ao descer a elegante escada de mármore rosa que une os dois andares do Palácio Itamaraty, lembrei-me da intrigalhada reinante em nossa embaixada na França, da qual tinha conhecimento, voltei atrás na escada e na escolha, optando por Roma. Soube, mais tarde, que Juscelino assinara com prazer minha remoção para a Itália. E desconfio de que ele haja votado em Afonso Arinos contra Lutero Vargas, filho de Getúlio, para senador pelo Distrito Federal em 1958.

Viajei para Roma antes da família, pois Bia vinha com Virgílio no colo, estava grávida do segundo filho, e eu devia encontrar residência para abrigá--los. Um funcionário da embaixada, que era marquês, foi-me buscar no aeroporto de Ciampino, e entrei na cidade pela Via Appia Antiga, sob um céu sem nuvens e um sol glorioso, passando pelas ruínas dos aquedutos e antigos sepulcros romanos, como o de Cecilia Metella.

Eu chegara ao meu primeiro posto diplomático em 1956, no dia 20 de setembro, feriado nacional porque data da reunificação da Itália sob os Savoia, quando tropas piemontesas invasoras, em 1870, abriram um rombo nas muralhas romanas do imperador Diocleciano, abolindo os Estados Pontifícios. Pio IX ordenou a suas forças que cessassem a resistência armada e se considerou prisioneiro no Palácio do Vaticano, situação só resolvida, 59 anos depois, com a criação do Estado do Vaticano pelo Tratado de Latrão, firmado, em 1929, por Mussolini, teatral e trágico fundador do fascismo, como representante de Vítor Emanuel III, rei da Itália, e pelo cardeal Gasparri, em nome do papa Pio XI.

A Embaixada do Brasil na Itália está sediada no palácio Pamphilj, na vasta Piazza Navona, em Roma, cujas construções seguem o contorno do circo de Domiciano, imperador romano, do qual se veem ruínas em uma das extremidades da praça. O "quarto do papa" no andar nobre da residência, onde se localizava o gabinete do embaixador, abria-se para o interior da Igreja de Santa Inês, erguida em honra da virgem martirizada no circo. Construiu o palácio o cardeal Giambattista Pamphilj, futuro papa Inocêncio X, cujo busto, esculpido por Bernini, ainda se encontrava na grande galeria afrescada por Pietro da Cortona quando lá servi.

Da janela de minha sala na chancelaria da Embaixada, vi um italiano a esbravejar, gesticulando e esconjurando na porta da casa fronteira, por não poder sair à rua sem cruzar o caminho onde um gato preto, momentos antes, atravessara à sua frente.

Principal razão do prestígio e título de mérito do nosso embaixador Adolfo de Alencastro Guimarães era ser irmão de Napoleão Alencastro, político gaúcho vindo ao cenário federal com Getúlio Vargas, em 1930. Adolfo nunca ajudou, nem tampouco incomodou, os subordinados. Como eu não jogava cartas nos fins de semana nem fora deles, hábito que o levaria a convidar-nos a acompanhá-lo, tivemos três anos para conhecer praticamente todas as igrejas, museus, palácios e ruínas que mereciam ser visitadas na Itália. Só nos faltou ir à Sardenha.

Para alugar residência, procurei de tudo, desde uma bela vila na Via Appia antiga até o palácio barroco de um nobre. Só não queria morar no Parioli, bairro relativamente moderno, que Bia achou confortável, mas onde residia grande parte dos diplomatas, e não escaparíamos da vida em colônia, que sempre quisemos evitar. Acabei optando por um apartamento próximo à Via Salaria, antiga estrada imperial, e à vila Savoia, onde residira a família reinante.

Instalados em Roma, observei que a palavra romaria se aplicava como uma luva a parentes, amigos e políticos que para lá acorriam sem parar. Procurados por todos, recebemos alguns, hospedamos outros.

Levei Abgar Renault a ver as Termas de Caracalla. Ele deixou nossas mulheres se afastarem e observou, com os olhos brilhando: "Você já imaginou, aqueles romanos aqui, todos nus, numa grande bandalheira, e fazendo negociatas de milhões de sestércios?!"

Fui com Bia e Carlos Castello Branco a Siena, Florença e Pistoia, onde, no dia de Finados, assistimos à cerimônia comovedora no cemitério dos militares brasileiros mortos na Segunda Guerra Mundial. Maurício de Medeiros, ministro da Saúde e enviado especial do governo, chorava, pois lá fora sepultado um filho seu, piloto da nossa Força Aérea abatido pelos alemães.

Regressamos a Roma ouvindo, pelo rádio, a narrativa da invasão da Hungria pelo exército soviético, transmitida ao vivo de Budapeste. Narrei este episódio no *Jornal do Brasil*, do qual era correspondente na Itália, a convite do caro amigo Odylo Costa, filho, que o dirigia. Firmava minhas matérias com o pseudônimo Gil Cássio, herdado do tio-avô Afonso Arinos, quando escrevia para *O Estado de S. Paulo*.

Di Cavalcanti passou uma temporada em Roma. Tentava unir-se à companheira britânica, me explicando que "inglesa leva as coisas muito a sério", e "mulher tem mania de segurança". Convidou-me a assistir ao Congresso do Partido Comunista Italiano. Um dirigente do partido, seu amigo, obteria os ingressos. Mas, na data combinada, ponderou ser "um artista de responsabilidade", eu um diplomata estrangeiro, a Hungria fora atacada pelos soviéticos, a sede do PCI estava cercada pela polícia italiana para protegê-la da multidão enfurecida, poderia haver baderna. Propôs, em lugar disso, irmos à Praça de Espanha, onde, naquele mesmo dia 8 de dezembro, se comemorava a festa da Imaculada Conceição, e o papa apareceria para venerar a imagem da Virgem lá erguida. Castello publicou esta nota no *Diário Carioca*, e Di, que me dizia ser comunista católico, e não era uma coisa nem outra, sobressaltou-se: "Vocês vão-me deixar mal com a Igreja e o Partido!"

Em começos de 1957, fomos pela primeira vez aos arredores de Nápoles com o caro frei Pedro Secondi. Bia, grávida e já pesada da segunda criança que esperava, teve dificuldades no transbordo para a pequena canoa que nos levou a penetrar na Gruta Azul, em Capri. Chegados ao hotel em Sorrento, descíamos do nosso quarto quando embaixo, na porta do elevador, demos de cara com Gilberto Amado. Alcei a voz ao vê-lo: "Embaixador!" Mas ele me impôs silêncio: "Pssst! Se a Europa souber que estou aqui, não poderei concluir minhas memórias."

Perdi o querido avô Cesário nesse ano. No delírio da agonia, ele se imaginava brincando com outros meninos na fazenda paterna onde fora criado. Viera visitar-nos às vésperas do nosso embarque para a Itália, no pequeno apartamento onde morávamos na Gávea, e ficou silencioso na varanda, fixando os olhos azuis no bisneto Virgílio, que trazia ao colo. Pressenti que não o veria mais.

No ano seguinte, a avó Catita o seguiu sem medo, dizendo que ia "ver Cesário".

A 14 de março de 1957, nasceu nosso segundo filho, Cesário, assim denominado em sua memória. Na mesma data, *Il Messaggero* de Roma publicava editorial de primeira página, lembrando que, naquele dia, se cumpriam 2 mil anos dos "idos de março", quando Júlio César fora assassinado. E o filho de César com Cleópatra se chamava Cesário.

O escritor Curzio Malaparte morria de câncer em outro andar da clínica onde Beatriz se internara para dar à luz. Bia lhe enviava as flores recebidas, e ele as destinava, em seguida, à capelinha do hospital. Houve, por isso, penosa polêmica ideológica entre o Vaticano e o Partido Comunista, cada qual procurando sequestrar o espírito de Malaparte para suas convicções religiosas e políticas.

Tramonto

* * *

Um dia, almoçando com meus pais na casa de San Tiago Dantas em Petrópolis, Bia, então grávida pela segunda vez, ficara tão fascinada pela conversa do anfitrião que o convidou para ser padrinho de batismo da criança que esperava. Pouco depois, entretanto, removidos para a Itália, procurei-o alegando a distância que nos separaria, e propus transferir o convite para batizar nosso primeiro filho a nascer no Brasil. Mas ele foi categórico: "Marque a data e irei." Batizou Cesário na Basílica de São Pedro.

Ao ver Virgílio, o primogênito, San Tiago observou, recordando Virgílio, tio-avô da criança: "Tem os olhos tristes do tio."

Afonso e Anah vieram da Grécia à Itália para conhecer Cesário, de quem Anah seria madrinha, e assistir ao seu batismo. Ofereci um coquetel aos diplomatas brasileiros servindo em Roma para estarem com San Tiago e Arinos, porém nenhum dos dois aparecia. Afonso e San Tiago surgiram afinal, declinando contar o que lhes acontecera, pois nos divertiríamos, e não tinham achado graça no ocorrido. Mais tarde, narraram. Percorriam a igreja dos Santos João e Paulo, edificada sobre a casa onde moraram os dois mártires do princípio do cristianismo. Desceram ao subsolo para conhecer as ruínas, mas, findo o serviço, os operários que trabalhavam nas escavações pregaram tábuas no alçapão por onde ambos haviam ingressado. Passaram algum tempo a debater a situação tragicômica, até que, prorrompendo em tal alarido, foram ouvidos por um sacerdote que fazia a ronda da igreja antes de cerrá-la por fora, e os libertou.

Antes, eu levara os dois a conhecer a bela Igreja de Santa Sabina, no Aventino, onde São Tomás de Aquino começou a escrever a *Suma teológica*.

Três décadas mais tarde, quando embaixador no Vaticano, encontrei o mesmo padre na mesma igreja.

Afonso Arinos, antes de viajar à Itália, se encontrava na Grécia, que não conhecia, quando, prevenido por telegrama de Carlos Lacerda sobre o falecimento de José Lins do Rego, comuniquei a meu pai a morte do amigo. De Atenas, instado mais uma vez por companheiros como Manuel Bandeira e Ribeiro Couto, Afonso telegrafou ao presidente da Academia Brasileira de Letras, candidatando-se à vaga recém-aberta pelo falecimento do romancista paraibano, sem saber que, no Rio, Guimarães Rosa fizera o mesmo.

Arinos seria eleito para a Academia em princípios de 1958, e recebido por Manuel Bandeira. No mesmo ano, foi candidato a senador pelo então Distrito Federal. Como bom mineiro, era devoto de Santa Rita dos Impossíveis. Por isso, fui com Bia a Cássia, a fim de pedir para ele a proteção da padroeira. E o que parecia impossível aconteceu. Venceu as duas eleições: na Academia Brasileira de Letras contra Rosa, seu amigo e conterrâneo; no Senado contra Lutero Vargas, situação que dava a impressão de assegurar ao filho de Getúlio condição eleitoralmente imbatível no Rio de Janeiro.

Anos mais tarde, Guimarães Rosa, candidato de novo e desta vez eleito, convidou Afonso para recebê-lo. O grande romancista mineiro cobrava a Arinos o discurso de recepção, e meu pai, às voltas com muitas incumbências políticas, jurídicas e docentes, respondeu que o faria quando Rosa fixasse a ocasião da posse. "Não posso, Afonso, porque morro." Marcou a data afinal, empossou-se recebido por Arinos, e morreu três dias depois.

Guimarães Rosa, recordando o personagem de *Grande sertão: veredas*, dissera a Afonso Arinos: "Afonso, Diadorim sou eu."

O poeta Murilo Mendes chegou à Itália com a esposa Maria da Saudade, filha do ilustre historiador português Jaime Cortesão, para lecionar Cultura Brasileira na Universidade de Roma. Era velho companheiro de Afonso Arinos, e logo nos tornamos muito próximos.

Assisti, com Afonso, a uma conferência de Murilo Mendes, finda a qual os estudantes transportaram o orador em triunfo. Arinos observou, divertido: "Murilo, qual novo Elias, sobe aos céus num carro de fogo."

Bia e eu jantávamos com Anah e Afonso em casa de Saudade e Murilo, quando este, recém-chegado da Grécia, exibiu-nos, cuidadosamente acondicionada em algodão, uma Tanagra que de lá trouxera. A estatueta de barro circulou para admiração geral, até chegar minha vez. Tomei-a nas mãos, cheirei e observei, incontido: "Está com cheiro de moringa." Afonso passaria a usar essa expressão quando acreditava que, a seu ver, um objeto não era antigo. Saudade repetiu-me o gesto e observou: "De fato, Murilo, tem o cheiro um tanto jovem." O poeta tomou da preciosidade, sumiu com ela, e nunca mais se falou no assunto.

Murilo me apresentou ao ensaísta e crítico francês Albert Béguin, que fora diretor da revista católica *Esprit* sucedendo o fundador Emmanuel Mounier, e levei-os a Subiaco, berço da ordem beneditina. Disse-me Béguin que viajara à Itália para reaprender a dormir, pois o fazia apenas por duas horas cada noite. Béguin convivera com Afonso Arinos no Rio, e não demonstrou apreço por Carlos Lacerda. Julgava que Raul Fernandes havia conduzido nossa política externa como se o Brasil fosse o Luxemburgo.

Como estávamos em Subiaco, e olhei de longe, na parede do restaurante onde entramos para almoçar, uma imagem feminina com flores à frente e ladeada por duas velas acesas, imaginei fosse de Santa Escolástica, irmã gêmea de São Bento. Mas, ao aproximar-me, vi que se tratava de Gina Lollobrigida, estrela do cinema italiano nascida na cidade.

Fazia frio, e subimos uma longa escada-rampa para chegarmos ao mosteiro. Notei a palidez silenciosa de Albert Béguin ao alcançarmos o cimo. Nessa noite, veio o enfarte. Visitei-o no hospital onde o internaram. Mais duas semanas, e uma oclusão intestinal o matou. Fui à missa de corpo presente na Igreja de São Luís dos Franceses.

Em março de 1957, no Palácio Senatório da praça do Capitólio romano, Itália, França, Alemanha ocidental, Bélgica, Holanda e Luxemburgo punham em prática o antigo sonho de fundar uma Europa pacificada, unida política e economicamente, criando a Comunidade Econômica Europeia.

No mesmo ano, durante as férias, Bia e eu seguimos com meus pais até Veneza, onde, dentre nós, apenas Anah já havia estado. Foi no decorrer desta viagem que soubemos ter a humanidade ingressado na era espacial, através do Sputnik, o primeiro satélite artificial da Terra.

Ao fim de 1957, na primeira reunião do Conselho Executivo da União Latina, colaborei com Paulo Carneiro, que a presidia. Paulo era amigo de Afonso Arinos, e eu do seu casal de filhos, Beatriz Clotilde e Mário Augusto, nomes dados pelo pai, positivista ilustre, em memória de Augusto Comte e da sua egéria, Clotilde de Vaux, sendo Paulo zelador, em Paris, da Casa de Augusto Comte.

Beatriz costumava visitar comigo o poeta e diplomata Carlos Magalhães de Azeredo, sempre muito bem-posto no seu dólmã preto. Azeredo servira com Afrânio de Melo Franco na Legação do Brasil em Montevidéu em fins do século XIX, e abriu o espírito do segundo Afonso Arinos à cultura romana, quando guiava o jovem filho de Afrânio pela capital italiana. Protegido de Machado de Assis, ele foi, aos 26 anos, o mais jovem fundador da Academia Brasileira. "Fundador fundado", explicou-me, por estar entre os dez escolhidos pelos trinta que se reuniram inicialmente, para completarem o número mítico dos quarenta membros da Academia Francesa. Magalhães de Azeredo pertenceu à Academia por 65 anos, e, servindo por quase toda a sua carreira diplomática no Vaticano, passou a maior parte da vida em Roma.

Certo dia, lhe apresentei Carlos Lacerda, a quem saudou como "o ardente polemista", e, de outra feita, Murilo Mendes e Gilberto Freyre. Totalmente surdo do lado direito, e mal ouvindo quem gritasse com ele da parte oposta, Azeredo sentou o "eminente sociólogo" à sua esquerda. Com isso, Murilo, literalmente, saiu de cena. Mas, ao findar a visita, tentou fazer-se presente, bradando ao velho bardo: "Tive grande prazer em conhecê-lo, embaixador, pois somos colegas!" "Também é diplomata?" "Não: poeta!" E Azeredo, protetor: "Ah, muito bem. Pois mande-me seus versos."

Levei-lhe também o chanceler Francisco Negrão de Lima, então de passagem por Roma. Negrão, condoído da situação do velho diplomata aposentado, que ia vendendo os últimos trastes domésticos para sobreviver, combinou com Afonso Arinos conceder-lhe um título honorífico de conselheiro especial, autorizando sua inscrição na lista diplomática da Embaixada do Brasil no Vaticano. Permitia, assim, que lhe enviassem do Brasil a magra aposentadoria pelo câmbio oficial. Afonso, candidato à Academia, teve a delicadeza de convidar o velho amigo para recebê-lo caso fosse eleito, embora sabendo que o ancião não estaria em condições de viajar ao Brasil. E assim transcorreram os últimos anos da longa vida de Carlos Magalhães de Azeredo.

Muito tempo após sua morte em 1963, transcrevi as *Memórias* de Magalhães de Azeredo, que encontrara no Arquivo Histórico do Itamaraty, e as publiquei, acrescidas de uma introdução, pela Academia Brasileira de Letras. No mesmo Arquivo, achei dois manuscritos dele, intitulados respectivamente *O papa e a guerra — Uma defesa desapaixonada*, e *Roma em guerra — Recordações de seis anos 1940-1945*. Azeredo testemunhou, da capital italiana, todo o desenrolar de ambos os conflitos mundiais que ensanguentaram o século XX, e, em continuação às *Memórias*, os transcrevi igualmente, e juntei-os sob o título *Memórias de guerra — O Vaticano e a Itália nas duas guerras mundiais*. Elas também foram publicadas pela Academia, com introdução e anotações minhas.

Porém havia mais no Arquivo Histórico do Ministério. Uma pilha de cadernetas de bolso em que ele anotou um interminável diário, desde 1893 até 1958. As *Memórias* vinham do nascimento de Azeredo em 1872 até 1898. Assim, se adicionados a elas, os diários abarcam quase toda a existência do poeta-embaixador, falecido em Roma aos 91 anos de idade.

Sua redação teve princípio e fim em Roma. Interessantes de início, pela abertura da civilização latina e europeia ao espírito do jovem diplomata brasileiro, se tornaram, no correr dos anos, pouco mais do que uma agenda com anotações diárias. Mas eu já gastara tanto tempo a digitar os pequenos manuscritos que, na esperança frustrada de novas revelações, sempre escassas, senti-me constrangido a levar até o fim a tediosa tarefa, que me custou anos. Encaminhei aos Arquivos do Itamaraty e da Academia, por correspondência eletrônica, os textos transcritos, para quem quiser esmiuçá-los. E publiquei sua extensa sinopse na *Revista Brasileira*, ano XVI, nº 64, correspondente aos meses de julho, agosto e setembro de 2010.

Mas o último caderninho, com que Azeredo encerrou a série dos diários em dezembro de 1958, traz no final uma anotação tocante para mim: a "bela visita" natalina feita por "Afonso Arinos III com a gentil senhora", Beatriz.

Vim a conhecer em Roma, através da Embaixada e de amigos, uma plêiade de artistas italianos: o poeta Giuseppe Ungaretti, que lecionou em São Paulo durante a segunda guerra mundial, os prosadores Alberto Moravia e Ignazio Silone, os pintores Giorgio De Chirico e Giorgio Morandi. Este chegou a expor na Embaixada do Brasil, onde eu cuidava dos assuntos culturais.

Durante as férias do verão de 1958, compartilhamos, no balneário de Fregene, uma casa que alugáramos com a família de Otto Lara Resende e sua esposa Helena, minha amiga desde menina, para que nossos filhos pequenos e nós mesmos pudéssemos aproveitar os banhos no mar Mediterrâneo. Otto, ao chegar a Roma de Bruxelas, onde era adido cultural da nossa Embaixada, comentou comigo ser o povo italiano que encontrara no caminho parecidíssimo com a caricatura que dele se fazia.

Eu seguia trabalhando na Embaixada, e voltava de Roma ao cair da tarde. Frequentou-nos em Fregene meu companheiro de mocidade Antônio de Teffé, filho do diplomata Manuel de Teffé, antigo corredor de automóveis e vencedor do Circuito da Gávea no Rio de Janeiro. Este foi o embaixador mais elegante que vi circular pelos corredores do Itamaraty, enfiado no seu terno azul-marinho com riscas brancas. Já o filho ator adotava, no cinema, o pseudônimo de Anthony Stephen, astro dos *spaghetti western* então em moda na Itália, e se fazia acompanhar pela namorada Franca Bettoja, formosa loura que acabara de estrelar um filme de sucesso, *O homem de palha*, de Pietro Germi, e, ao emergir do mar Tirreno, arrancou de Otto justa comparação com *O nascimento de Vênus*, de Sandro Botticelli, por mim admirado na Galeria Uffizi, de Florença. Vieram todos almoçar em nossa casa, onde a irmã de Franca produziu deliciosos *fettucini alla carbonara*.

Naquela grande época do cinema italiano, encontramos Aldo Fabrizi, Amedeo Nazzari, Marcello Mastroiani, Vittorio Gassmann com Anna Maria Ferrero, sua namorada, e o americano Orson Welles.

Conduzidos por Gilberto Chateaubriand desde Paris, onde ele servia, fomos ao casamento, no noroeste da França, do meu primo e futuro coavô Márcio Moreira Alves, o Marcito, com Marie de Preaulx. A noiva, filha do marquês de Preaulx, descendia, pela mãe, da mais alta nobreza europeia. Era Bragança por D. Pedro I e sua filha, a princesa Januária, e Habsburgo pela esposa de D. Pedro, Leopoldina, arquiduquesa d'Áustria, primeira imperatriz do Brasil; Bourbon de Espanha por Carlota Joaquina, mãe de D. Pedro, e Bourbon das Duas Sicílias pelo marido de Januária, o conde d'Aquila, irmão da terceira imperatriz do Brasil, Teresa Cristina, ambos filhos dos reis de Nápoles. Sou avô de Sophie, linda neta de Marie.

Os olhos de Virgílio brilhavam quando ouviu a banda de música tocar defronte ao Palácio do Quirinal, sede da Presidência da República italiana.

E Pio XII, passando por nós na Basílica de São Pedro, quis parar, com um gesto de amor, ao ver o pequenino sobre meus ombros, mas os portadores seguiram com a sede gestatória. O papa, então, o abençoou a distância, traçando sobre Virgílio o sinal da cruz.

Carlos Lacerda me escreveu do Rio que, por sentir-se "na última lona", tencionava espairecer passeando por "*Roma ed intorni*" em companhia do filho mais velho e de um amigo deste. Pensava sofrer de pleurisia, mas era depressão, que Bia e eu ajudamos a superar com alegre passeio a Nápoles, Sorrento, Capri, Pompeia e Amalfi, ministrando-lhe doses volumosas de *pasta asciuta* e boas talagadas de vinho Chianti.

Já recuperado, e insatisfeito com os rumos que tomava no Brasil a sua UDN, Lacerda pensava na possibilidade de que se organizasse em nosso país um grande partido democrata-cristão, tal como sucedera, na Itália, com a Democracia Cristã de Alcide De Gasperi, e, na Alemanha, com a agremiação política homóloga de Konrad Adenauer. Pediu-me, por isso, que obtivesse para ele, através da nossa embaixada junto à Santa Sé, uma audiência com Domenico Tardini, subsecretário de Estado do Vaticano e futuro cardeal. Consegui o que desejava, e depois o encontrei muito decepcionado. Fora vigorosamente desencorajado por monsenhor Tardini, com o argumento de que, no Brasil, havia cristãos em todos os partidos, e não via necessidade de reuni-los em uma só agremiação política, o que tornaria os democratas cristãos brasileiros alvo das outras facções pela sua condição de católicos. Tardini considerava, por outro lado, que a necessidade de composições e concessões exigidas pela política desaconselhava macular com elas a pureza da denominação cristã.

Trinta anos depois, eu era embaixador no Vaticano, e almoçando com o subsecretário de Estado Achille Silvestrini, outro futuro cardeal, narrei-lhe essa conversa antiga com Tardini, e o encontrei particularmente interessado, a indagar-me datas e detalhes minuciosos. Talvez estivesse prevendo a decadência e dissolução da outrora poderosa Democracia Cristã italiana, acuada por acusações de corrupção, associação mafiosa e até patrocínio de homicídio, lançadas contra alguns dos seus principais dirigentes.

Em 1958, pudemos assistir à vitória do Brasil na Copa do Mundo, retransmitida da Suécia pela televisão italiana. A seleção brasileira treinou por duas vezes antes da Copa, ambas na Itália. Fui ver os jogos, em Florença contra a Fiorentina, e em Milão contra a Internazionale. Em Florença, Garrincha fez coisas do arco da velha.

O ano foi dramático para Beatriz e a Igreja Católica. Em julho, um mau sucesso levou a criança que Bia esperava, pois a placenta se havia deslocado, e ela perdera as águas. O feto teria saído aos pedaços, após difícil intervenção cirúrgica. Não quisemos conhecer-lhe o sexo.

Em outubro, me ligaram de casa para a Embaixada, dizendo que Bia sofria dores violentas. O médico assistente recomendou um sedativo, dizendo que seriam cólicas de ovário, e não quis vê-la. Quando Bia tentou erguer-se, desmaiou. Chamei outro médico. Diagnóstico de gravidez extrauterina. Seu estado era gravíssimo, necessitando de cirurgia imediata. Já tinha litro e meio de sangue na cavidade abdominal, e um princípio de peritonite. Levamo-la para a clínica. Foi operada com êxito.

Pouco antes, Pio XII falecera. O rádio descrevia a agonia do papa do aposento contíguo, como se estivesse transmitindo uma partida de futebol: "Não podemos dizer que Sua Santidade tenha entrado em agonia, mas ele se encontra em estado pré-agônico." O clínico particular de Pio XII o fotografava às escondidas, com a boca aberta, a barba crescida, para vender as fotos à imprensa. Seria expulso da ordem dos médicos.

Fui com Bia ao velório na Basílica de São Pedro. O mesmo facultativo experimentara um processo egípcio de embalsamamento, que não funcionou. Exposto, na entrada da basílica, sobre um alto catafalco drapejado de negro, o grande corpo do pontífice inchava, sorando da boca um líquido pardacento. Cercava-o a guarda nobre do papa, também vestida de negro, tentando conter a multidão, que se comprimia aos trancos e objurgatórias.

Já durante o conclave, Bia, por se recuperar da cirurgia ocasionada pela prenhez tubária, não pôde acompanhar-me à Praça de São Pedro. Lá, prosseguia o grande evento religioso, cujos esplendores eram observados com ceticismo pela bondosa Anna, que ensinara nossos pequeninos a rezar e não perdia a festa anual do Partido Comunista na Piazza del Popolo: "São muito ricos, não se importam com os pobres." Cinco conclaves e onze lustros mais tarde, um papa Francisco responderia a Anna.

Vi saírem golfadas de fumaça branca da chaminé da Capela Sistina, e o cardeal camerlengo anunciar, da sacada da basílica, a eleição de um velhinho baixo e gordo, que apareceu logo depois. Era Angelo Giuseppe Roncalli, cardeal-patriarca de Veneza. Ele se fez chamar João XXIII, e atualizaria a Igreja Católica convocando o Concílio Ecumênico Vaticano II. Na sua abertura em 1962, Afonso Arinos representou o Brasil como embaixador especial.

Durante nossa estada em Roma, assistiríamos ainda ao traslado, para a Basílica de São Pedro, dos restos mortais de outro papa que fora cardeal-patriarca de Veneza, São Pio X.

* * *

A via-crúcis de Bia prosseguiu no ano seguinte. Em fevereiro, seu ovário direito foi extirpado em Genebra. Tinha um quisto que, há muito tempo, originava dores fortes e constantes. No dia em que ela devia deixar o hospital, sofreu nova intervenção, por causa de dois hematomas surgidos no lugar da cirurgia anterior.

Jânio Quadros, ao dar a volta ao mundo em 1959, passou por Roma, muito impressionado com Nehru e Nasser. Arinos e Lacerda mandavam-me do Rio pedidos e sugestões, me tornando intermediário entre a oposição e o seu candidato *in pectore*. Passei dias a acompanhá-lo. Conversamos longamente a sós. Na ocasião, tomei algumas notas sobre o que dizia. Jânio solicitou que eu pedisse a Afonso novas ideias e informações. Tinha confiança nele, tencionava convidá-lo para ser seu ministro das Relações Exteriores. Convencido da própria vitória, seria eleito sem compromissos formais com os grandes partidos. Precisaria da UDN, menos para vencer do que para governar. Os homens que respeitava e admirava eram filiados a ela. Parecia obcecado com a moralização da coisa pública. Não aceitava assumir o problema da candidatura à vice-presidência, que seria dos partidos, não dele. Um vice radical da União Democrática Nacional o prejudicaria. Não tinha intenção de apoiar por princípio os candidatos do partido aos governos estaduais. Contava com o apoio seguro de seções inteiras do Partido Social Democrático (Rio Grande do Sul, Mato Grosso, Goiás, Santa Catarina). Queria combater a pecha de "entreguismo" (tacitamente associada a Carlos Lacerda). Nem tencionava precipitar a própria volta ao Brasil, convencido de que o tempo trabalharia a seu favor.

Ao chegar, hospedado no Grande Albergo, ele conversava comigo no seu quarto, vestido com terno e gravata, quando foram anunciados dois jornalistas. Então tirou o paletó, a gravata e se desarrumou, dizendo: "Vamos recebê-los democraticamente."

Sua viagem fora financiada por dois amigos paulistas, um árabe, outro judeu. Almoçávamos no restaurante do hotel, e Jânio pontificava na cabeceira da mesa, quando, finda a refeição, o garçom lhe apresentou a conta. Então, ele passou-a ao patrocinador de turno: "Roberto, meu bem, estão pedindo o seu autógrafo."

Ainda no hotel, Jânio Quadros quis dar entrevista coletiva aos numerosos jornalistas que o aguardavam em Roma. Entre eles, Carlos Castello Branco, futuro acadêmico. Um repórter de São Paulo apresentou-lhe uma série de indagações escritas. Quadros leu-as com atenção, depois olhou fixamente para o repórter: "Perguntas muito bem formuladas. Fê-las o senhor mesmo?" O rapaz, meio sem jeito: "Fi-las." E Jânio: "Ama também a forma oblíqua?"

Jânio bebia muito, uísque sempre puro, em doses duplas. Em uma cervejaria, apresentei-lhe o nosso amigo Barreto Leite Filho, íntegro colunista internacional dos Diários Associados, que chegava de Israel. Tão íntegro que fez uma espécie de voto de pobreza, a fim de trabalhar para Assis Chateaubriand sem se envolver com suas ambições e interesses. Eu obtivera para Barreto uma entrevista exclusiva com o candidato, que presenciei. Nela Jânio derramou-se em elogios ao seu provável adversário, o general Lott. O jornalista indagou, então, por qual motivo, informados destas suas opiniões, os eleitores votariam nele, em lugar de fazê-lo no adversário. Jânio respondeu: "Barreto, não escreva o que lhe vou dizer agora. Mas o único obstáculo entre mim e a Presidência da República seria a eventual retirada da candidatura do general Lott. Devemos animá-lo, estimulá-la de todas as maneiras. Comprometer o Exército com ela, para garantir a realização das eleições. Só atacarei Lott no fim. Então, será tarde para outra solução, e estarei eleito."

Jânio Quadros eleito presidente, propus a Afonso, nomeado ministro das Relações Exteriores, a designação de Barreto Leite como embaixador em Israel, o que foi feito. Desde Roma eu sugerira isso a meu pai.

Rubem Braga foi jovem repórter de Afonso Arinos enquanto este dirigia o *Estado de Minas*, em princípios dos anos 30. Certa vez, Rubem se ausentara momentaneamente de Belo Horizonte, quando Afonso pensou em criticar o prefeito da capital mineira. Para divertir-se, como me contaria mais tarde, redigiu "uma má crônica de Rubem Braga", e a encaminhou para publicação. No dia seguinte, recebeu telegrama enviado de Ouro Preto: "Afonso Arinos. Não usar meu santo nome em vão. Rubem Braga."

Em 1961, o chanceler Afonso Arinos apontou para nosso embaixador no Marrocos o nome de Rubem Braga. Mais tarde, este me recordaria, saudoso, os bons tempos em que a condição de diplomata lhe permitiu comprar uísque sem pagar imposto de importação.

O deputado federal Jânio Quadros, candidato favorito à Presidência da República, viajara a Cuba em 1960, e convidou o senador Afonso Arinos para acompanhá-lo, já como ministro *in pectore*. Na volta, passaram ambos pela

Venezuela, a fim de se encontrarem com o presidente Romulo Betancourt. Romulo propusera a chamada doutrina Betancourt, segundo a qual os países membros da Organização dos Estados Americanos só deveriam reconhecer governos oriundos de eleições constitucionais. A doutrina visava Cuba, que, para Betancourt, estaria procurando estender a revolução social antidemocrática pela América Latina. Mais tarde, Che Guevara morreu na Bolívia em busca desse objetivo.

Durante a visita, Jânio fez uma observação desprimorosa sobre Fidel, mas o próprio Romulo contestou. Não concordava com o líder cubano, combatia suas premissas, mas, para ele, Fidel era um homem sério: "*No es un demagogo como nosotros.*"

Cardozo de Mello, meu tio-avô por afinidade, que vivia em São Paulo, perguntou-me um dia se Afonso Arinos conhecia bem Jânio Quadros. Respondi negativamente, mas disse que a escolha para candidato à Presidência da República decorrera de convenção nacional da UDN, influenciada por Carlos Lacerda contra Juracy Magalhães, que ambicionava a própria candidatura. Então, o tio Cazuza me disse o que pensava de Jânio: "Fui seu professor de Ciência das Finanças na Faculdade de Direito. Ele é completamente louco."

Sérgio Buarque de Holanda, natural e morador de São Paulo, também me havia dito a mesma coisa: não votaria em Jânio, não confiava nele.

A saúde frágil de Beatriz ficara muito abalada em Roma. Engravidou de novo, e a medicina italiana não a ajudava. Pedi remoção do posto que me havia encantado, e fui transferido para a Áustria, onde era embaixador o poeta Raul Bopp, amigo de Afonso, muito confuso, mas sempre gentil com Bia e amável comigo.

Antes, porém, despedi-me de João XXIII. Disse-lhe que desejava regressar à Itália, dessa vez para servir junto à Santa Sé. Ele concordou: "Você tem bom gosto em querer voltar a Roma. Mas, quando o fizer, não me encontrará mais." Bia chorou silenciosamente.

O "*papa buono*" dos italianos seria beatificado por João Paulo II durante o Grande Jubileu do ano 2000, quando visitei Roma com Bia pela última vez.

Ainda na Itália, Bia grávida de Afrânio, fomos conhecer a Sicília. Nos mosaicos de uma vila em Piazza Armerina, vimos romanas vestidas com biquínis jogando petecas redondas. Ao sairmos de Agrigento, inquiri de um lavrador que passava se poderia informar-nos sobre a maneira de chegar a um túmulo antigo, e ele indicou como o veríamos a distância. Quis chegar até lá, porém o siciliano me advertiu: "*Ma dottore, quello è romano!*" Não era grego, alertava-me, cônscio e orgulhoso da sua herança cultural extrapeninsular.

O Itamaraty me designara para representá-lo, a caminho de Viena, em Salzburgo, onde se efetuava um seminário para jovens diplomatas. A reunião coincidia com o célebre festival anual de música na cidade de Mozart. Assistimos a concertos maravilhosos, em um dos quais estava Herbert von Karajan, o grande maestro alemão que regera para Hitler.

Alugamos uma casa próxima ao castelo de Schönbrunn. Atrás passava o trem. O jardim tinha pereiras e macieiras, para felicidade de Bia, que logo se pôs a fazer compotas de frutas. Ela assustou-se muito quando viu os dois pequenos caminhando sobre a jardineira estreita que ladeava por fora a janela do quarto deles, no segundo andar.

O nosso "terceiro homem" nasceu na Áustria, em 16 de outubro de 1959, pelas mãos do reitor da Universidade de Viena. Prematuro, como os anteriores, mas perfeitamente saudável.
A mãe não se sentia à vontade para ter o filho em companhia de mais três mulheres, no aposento que lhes estava destinado. Telefonei ao seu médico, e ele reservou um quarto separado para ela em outra clínica. Mas não foi fácil orientar-me no tráfego vienense, que eu mal conhecia, enquanto as dores do parto se aceleravam.
Após o nascimento de Afrânio, Bia, angustiada, não conseguia comunicar-se com a enfermeira, a fim de saber para onde haviam levado o pequenino. Ele era o único bebê de cabelos escuros em um berçário cheio de criancinhas louras.
No Rio, Afonso abria a primeira página do caderno no qual ia iniciar a redação das memórias quando recebeu, por telefone, a notícia do nascimento do terceiro neto, que teve o nome de seu pai. O original manuscrito do livro, que narra o fato, pode ser visto na Sala Afonso Arinos da Academia Brasileira de Letras.

* * *

Tramonto

Pianistas conhecidos apresentaram-nos a colegas austríacos, alguns famosos, que nos levaram a ouvir e ver *Don Giovanni* na Ópera de Viena, jantando depois com os cantores. Desde então, Bia e eu não perdemos ocasião de assistir à maravilhosa criação de Mozart, mesmo que tivéssemos de nos deslocar para cidades distantes dos postos onde eu servia. Foi o caso do Lincoln Center em Nova York, enquanto morávamos em Washington, e do Scala de Milão, quando vivíamos em Roma.

No Natal, Beatriz organizou uma ceia para os estudantes de piano, penalizada com os que o passavam, como nós, longe de suas famílias. O jardim estava coberto por espessa camada de neve. Apareceram uns vinte, dos quais o mais jovem e talentoso era um menino brasileiro de 15 anos, Nelson Freire. Já o acompanhava a amiga argentina Martha Argerich. Quando adultos, viriam a ser os maiores pianistas de seus países.

O ano-novo fulminou-me com a notícia de que um avião trazendo de São Paulo os queridos Otávio Tarquínio de Souza e Lúcia Miguel Pereira, prima-irmã de Anah, fora abatido sobre os subúrbios do Rio, ao chocar-se com uma aeronave de treinamento da FAB. Esta emergiu das nuvens de repente, matando todos os passageiros. O casal era tão unido, espiritual e culturalmente, que, em sua casa de campo nos arredores de Petrópolis, havia duas pranchas de madeira embutidas lado a lado na parede, a mais alta para Otávio, a mais baixa para Lúcia, a fim de que o grande historiador e a grande crítica, ambos eminentes biógrafos, pudessem trabalhar juntos, intercambiando ideias e textos.

Um dia, em 1957, ao passearmos em Roma, passamos por um cinema que exibia o filme *Guerra e paz*. Eu não havia lido a grande obra de Tolstoi, e os dois, quando se foram, presentearam-me com o romance, pedindo, na dedicatória, para lembrar-me um pouco deles, sempre que o livro estivesse a meu alcance.

No mês em que faleceu, dezembro de 1959, Otávio me escrevera sobre 319 cartas que nossa imperatriz Leopoldina tinha enviado ao pai, imperador da Áustria, das quais ele havia sugerido ao embaixador Raul Bopp obter fotocópias. Agora, 310 cartas de Leopoldina a Maria Luísa, sua irmã mais velha, mulher de Napoleão, seriam vendidas em Munique, mas o governo austríaco embargou o leilão. Otávio pensava que, pelo abandono natural entre irmãs, a correspondência poderia ser mais explícita sobre as aventuras extraconjugais de D. Pedro I, seu biografado. Estas cartas pertenciam a senhoras residentes em Viena, e ele contava com a ajuda de Bopp e a minha para localizá-las. Eu chegara a entrar em contato com as proprietárias quando ocorreu a tragédia. Então, desisti da pesquisa.

O Itamaraty designou-me para trabalhar com o deputado Renato Archer na Agência Internacional de Energia Atômica, em Viena, onde ele era delegado do Brasil. Cinco anos mais tarde, seríamos os únicos congressistas federais a termos os mandatos parlamentares concomitantes aos de nossos pais, estes no Senado e nós na Câmara dos Deputados.

Carlos Lacerda voltou a visitar-nos, desta vez em Viena, onde se encontrava por conta do empresário italiano Gualtiero Giori, empenhado em romper o monopólio da empresa Thomas de la Rue na fabricação do papel-moeda brasileiro. Lacerda contava ser ministro da Educação de Jânio Quadros, e acenou-me com a chefia do seu gabinete.

Simultaneamente, Afonso me transmitiu convite para candidatar-me a deputado estadual pela UDN, em consequência da Lei San Tiago Dantas, que prescrevia normas para a convocação da Assembleia Constituinte do estado da Guanabara em virtude da transferência da capital federal para Brasília, determinada por disposição constitucional transitória. Preferi esta oportunidade de voltarmos ao Brasil, e participei ativamente de quase todos os comícios efetuados no Rio de Janeiro por Jânio Quadros e Carlos Lacerda nas respectivas campanhas para presidente e governador, ambas vitoriosas. Belo discurso de Lacerda em Vila Isabel, entremeado com letras das músicas de Noel Rosa. Televisões e jornais me entrevistaram, Rubens Berardo facultou-me programas noturnos quase diários na sua TV Continental.

Levado a Chateaubriand pelo seu filho e meu amigo Gilberto, Assis me recebeu na cadeira de entrevado por derrame cerebral. Tinha defronte um grande teclado, feito especialmente para ele, no qual digitava artigos batendo em uma tecla de cada vez, com um dedo só. Mal se entendiam suas palavras, mas pude ouvi-lo balbuciar, instruindo o intérprete que o acompanhava para que os Diários Associados me apoiassem: "Precisamos cevar a UDN."

Jânio, à minha revelia, porém decerto instigado por José Aparecido de Oliveira, que viria a ser seu secretário particular, enviou-me carta manuscrita de apoio ao meu nome. Não sei de outro candidato por quem ele houvesse feito o mesmo. A escola de samba Unidos de Bangu, promovendo minha candidatura, compôs um samba que começava assim: "Eu vou votar em Afonso Arinos filho, / candidato de moral e muito brilho."

A herança da Lei Afonso Arinos contra a discriminação racial teve consequências curiosas para mim. Um dos meus cabos eleitorais foi o velho Getúlio dos Santos, preto de olhos azuis, agiota próspero e prestigiado em Jacarepaguá, controlado por mulher moça e dominadora, por detrás de cuja vida apaziguada poucos saberiam distinguir o dirigente da Mão Negra, organização criminosa de fama sombria no princípio do século XX.

Passei a tarde do dia das eleições percorrendo sessões eleitorais com Lacerda. Fechadas as urnas, eu seria o quarto deputado mais votado da UDN.

Eleitos Jânio e Carlos, Lacerda convidou-me a ser seu líder na Assembleia, mas declinei, alegando que não poderia fazê-lo ao lado de juristas com a experiência e o porte de Aliomar Baleeiro e Temístocles Cavalcanti, mais aptos a preparar uma constituição. Aceitei, contudo, a vice-liderança.

Acompanhei Afonso Arinos à posse de Jânio Quadros no Palácio da Alvorada, em Brasília, quando conheci a nova capital. O convite a Afonso para ser ministro das Relações Exteriores só fora confirmado uma semana antes, e ele não possuía traje de gala adequado à cerimônia, nem tinha tempo para mandar fazê-lo. Optou pelo fardão de acadêmico, e ao despontar assim vestido no alto da rampa do palácio, onde Jânio recebia os cumprimentos, o presidente indagou ao seu secretário particular: "Aparecido, o que faz aqui o meu ministro, vestido de príncipe?"

Dias antes, o paquete português *Santa Maria* fora sequestrado por antissalazaristas sob o comando de Henrique Galvão, e rumava para as costas do Brasil. Carlos Lacerda lhes assegurava possibilidades de reabastecimento no Rio de Janeiro e regresso ao alto-mar. A lei internacional prescrevia ao governo brasileiro o direito de internar os rebelados concedendo-lhes asilo político, e o dever de restituir a nave aos seus proprietários. Naquela mesma noite, Afonso defendeu junto a Quadros o respeito aos compromissos jurídicos assumidos, e, incerto quanto ao que pensava o presidente sobre o problema, estava pronto a exonerar-se, caso sua opinião não fosse acatada. Antes de subir ao segundo andar do Alvorada, onde a questão seria decidida, pediu-me, embaixo da escada, que obtivesse do seu amigo embaixador Vasco Leitão da Cunha a confirmação de que atenderia ao convite que lhe fizera para ser secretário-geral do Itamaraty, a fim de que o ministério não ficasse acéfalo pela sua renúncia antes da posse. Vasco hesitava, frustrado por não haver sido feito chanceler, mas aceitou afinal. Jânio acolheu integralmente as ponderações de Afonso, dizendo-lhe que as "convalidava". Segui o ministro na difícil tentativa de transmitir ao navio a decisão presidencial. Afonso reclamava daquela capital de onde não conseguia nem mesmo comunicar-se com o resto do país, ocorrendo-me afinal, com êxito, a ideia de fazê-lo através do sistema de telecomunicações do Palácio Guanabara, no Rio de Janeiro.

De regresso ao Rio, não encontrei Bia em casa. Nosso filho Caio nascera em 3 de fevereiro de 1961.

Concluímos, votamos e promulgamos a Constituição do estado. Mas minha lua de mel com o governo da Guanabara ia durar pouco. Já vice-líder da bancada governista, fui designado membro efetivo da Comissão de Constituição e Justiça. Lacerda, que pouco antes propusera devolver o *Santa Maria* aos rebeldes antissalazaristas, começou a atacar, com a violência costumeira, a política externa independente que Quadros anunciara e Arinos punha em prática. Essa postura defendia, entre outras aspirações nacionais sufocadas pelo colonialismo, a independência de Angola, rejeitada pela comunidade portuguesa do Rio de Janeiro, que, solidária com o ditador Salazar, representava importante fonte de recursos financeiros e votos para o governador.

Formou-se na Assembleia Legislativa da Guanabara uma Comissão Parlamentar de Inquérito, da qual fui relator, para apurar acusações de que a Fundação Otávio Mangabeira, criada por Lacerda para construir escolas estaduais, seria subvencionada por bicheiros. Penso que a intenção da minha presença no novo encargo tenha sido a de poupar o governo estadual de tais increpações. A mulher de um coronel do Exército, ligada ao partido do governo, declarou-me sob juramento que o presidente da Fundação lhe confidenciara a origem suspeita dos fundos da entidade. Vários bicheiros confirmaram frequentar o escritório daquele diretor. Promovi acareação entre este e a depoente, e o presidente da Fundação asseverou haver a esposa do militar sonhado ao imaginar que ele lhe telefonara sobre o assunto.

Tempos depois, participei de reunião no Hotel Glória, durante a qual o ex-chefe de Polícia da Guanabara por ocasião do inquérito contou haver-lhe Lacerda ordenado, por carta, sustar a perseguição aos bicheiros, e o coronel sabia terem saído mais cheques dos bolsos dos contraventores do que entrado na Fundação Otávio Mangabeira.

Disse-me, mais tarde, o jornalista Moacir Werneck de Castro, primo do governador: "O Carlos cansou de ser pobre."

Nesse ínterim, o governo enviou à Assembleia Legislativa mensagem criando a Copeg, Companhia Progresso do Estado da Guanabara, da qual fui também designado relator na Comissão de Justiça. Apresentei substitutivo que concluiu por consubstanciar-se na lei criando aquela entidade. O projeto original não previa que os trabalhadores nela empregados participassem da direção da empresa, tornando-o inconstitucional, conforme a Constituição da Guanabara, que havíamos votado. Outras carências deviam ser sanadas, e pedi ao chefe do gabinete do governador que me ajudasse a facilitar-lhe a tramitação. Apesar disso, Lacerda acusou-me, pela televisão, de retardar sua votação em plenário pelo fato de ele divergir da política externa posta em prática por Arinos no Itamaraty.

Reagi com dureza da tribuna da Assembleia Legislativa, e o líder interino do governo se desmandou na resposta, estabelecendo tumulto do qual não participei, mas que obrigou o presidente da Assembleia a suspender a sessão.

Lacerda hostilizava Arinos seguidamente pela chamada política externa independente, isenta de alinhamentos automáticos, isto é, considerando, em primeiro lugar, o que convinha ao Brasil, e não, conforme costume arraigado da diplomacia brasileira, os interesses dos nossos amigos portugueses, franceses, ingleses, americanos, pois seus representantes, bons diplomatas profissionais, eram pagos para proporcionar oportunidades vantajosas aos seus países, e o faziam, em detrimento nosso sempre que necessário.

Enquanto isso, Afonso recebeu, no Itamaraty, o astronauta russo Yuri Gagarin, primeiro homem a ver, do espaço, que "a Terra é azul".

Jânio Quadros renunciou à Presidência da República. Na véspera, ele telefonara de Brasília para o Rio de Janeiro ao chanceler Afonso Arinos, perguntando onde estava o vice-presidente João Goulart. Afonso consultou os telegramas que tinha sobre a mesa e respondeu: "Em Hong-Kong, presidente." E Jânio, com sua pronúncia inconfundível: "Hongue-Kongue? É longe, ministro." Carlos Lacerda denunciou à noite, pela televisão, sugestões de golpe contra o Congresso, aventadas por Pedroso Horta, ministro da Justiça. Não tenho razões para duvidar do que disse o governador. Chegara, para Jânio, a hora do blefe.

Arinos, totalmente surpreendido pela decisão de Quadros, logo previu a crise militar que se seguiria, e enviou mensagem ao Congresso com a sugestão de que se debatesse o problema antes de aceita a carta de renúncia. Mas o Congresso era presidido por Auro de Moura Andrade, presidente do Senado, e a Câmara dirigida por Ranieri Mazzili, sucessor eventual do vice-presidente Goulart. Ambos eleitos pelo PSD paulista, não perderam tempo. Portador da mensagem de Afonso, o diplomata Rubens Ricúpero, membro do seu gabinete, foi detido na portaria do Congresso, onde permaneceu até que Mazzili se empossasse na Presidência da República.

Mazzili convidou Arinos para permanecer no cargo, mas a oferta foi declinada. Afonso mandou oferecer um bom vinho aos amigos solidários reunidos em sua sala no Palácio Itamaraty (a qual fora ocupada por Afrânio quando chanceler, e onde trabalhava, dormia e morreu o barão do Rio Branco), e viajou para Petrópolis, dizendo-me que ia ler Camilo Castelo Branco. Porém não conseguiu descansar, preocupado com a situação.

Na manhã seguinte, telefonou-me pedindo que providenciasse uma entrevista sua com o general Cordeiro de Farias, chefe do Estado-Maior das Forças Armadas. Cordeiro voara de Brasília para o Rio. Mandei um radiograma para o avião, e o general marcou o encontro para o Aeroporto Santos Dumont, onde aterrissaria. Afonso desceu de Petrópolis, e lá se reuniram. Meu pai saiu do aeroporto com o apoio de Cordeiro de Farias para a solução parlamentarista que alvitrava como alternativa ao veto militar estimulado por Carlos Lacerda contra a solução constitucional de que João Goulart assumisse a Presidência. O general só condicionou a opção a favor do parlamentarismo a que ela não dividisse seus companheiros de farda. Ofereceu o avião no qual viera de Brasília para que Arinos viajasse logo à capital, e acompanhei Afonso até prevalecer a solução de compromisso. Lembro-me de que faltou energia elétrica no Congresso, e a decisão de se apresentar à Constituição um Ato Adicional estabelecendo o regime parlamentar de governo foi tomada à luz de velas.

Tramonto

Como deputado estadual, pude assistir à posse de João Goulart do plenário da Câmara dos Deputados.

Após a morte de meu pai, encontrei no seu arquivo o texto datilografado do projeto de Ato Adicional, com aditamentos manuscritos de Afonso Arinos e San Tiago Dantas, e o doei com a maioria dos papéis de Afonso, inclusive a correspondência, à Fundação Casa de Rui Barbosa. Ali já estavam os de Ribeiro Couto, Manuel Bandeira, Pedro Nava, Carlos Drummond, e se juntariam os de Carlos Castello Branco. Os documentos sobre política externa, entreguei-os ao Arquivo Histórico do Ministério das Relações Exteriores, no Palácio Itamaraty do Rio de Janeiro, e os parlamentares ao Instituto Histórico e Geográfico Brasileiro. Depositei os originais literários e todo o conteúdo da exposição organizada pelo centenário de Afonso Arinos de Melo Franco na Academia Brasileira de Letras, onde uma parte está preservada no Arquivo, juntamente com originais de romances do seu tio homônimo, que ele guardava e também doei. Outra parte integra a Sala Afonso Arinos na Academia.

Um dia, eu me achava com o senador Afonso Arinos no gabinete do senador Daniel Krieger, quando um telegrama foi entregue a Afonso. Meu pai o leu, e mostrou-mo silenciosamente. Nele, Carlos Lacerda o acusava de "traição" e "ignomínia", por ter-se oposto à tentativa de golpe de Estado, apoiada pelo governador, a fim de impedir a sucessão constitucional do presidente que renunciara. Arinos redigiu a resposta, mandou datilografá-la e a levei ao correio. Mas, antes disso, me pediu que acrescentasse manualmente no telegrama a Lacerda o qualificativo "fujão" com que o classificava.

De outra feita, Ranieri Mazzili, presidente da Câmara dos Deputados, palestrava com Afonso, San Tiago e comigo no andar embaixo dos plenários do Senado e da Câmara, até olhar o relógio e nos dizer, antes de despedir-se: "Devo iniciar meu movimento de aproximação do plenário." Ele se afastava quando San Tiago observou: "Faz de si mesmo a ideia de um planeta."

Voltando ao Rio, encontrei, na ordem do dia da Assembleia Legislativa, projeto de resolução do Partido Trabalhista Brasileiro propugnando o impedimento de Carlos Lacerda. A UDN lutara contra os impedimentos de Carlos Luz e Café Filho. Agora, essa medida contra o governador o colocaria na postura almejada de vítima da perseguição política dos seus adversários. Falei para desaconselhá-la. O líder do PTB, anuindo aos meus argumentos, sustou o projeto.

Na manhã seguinte, ao ler na imprensa notícias e excertos do discurso que proferi, Lacerda telefonou-me aos impropérios e insultos. Só retruquei que suas invectivas significavam conceitos que o povo brasileiro crescentemente lhe atribuía.

No outro dia, Di Cavalcanti veio à nossa casa sobraçando um quadro seu para presentear-me, com o seguinte comentário: "Você já reparou que o Carlos nunca aparece em velórios? Porque é o morto, e não ele, o personagem central do evento."

Essa foi a fase mais agressiva, tumultuada e combativa da minha vida pública. A tal ponto que Antônio Gallotti, velho amigo de Afonso Arinos desde quando contemporâneos na Faculdade Nacional de Direito (e meu futuro coavô da bela Helena), então presidente da Light, da qual dependia o serviço telefônico do Rio de Janeiro, mudava periodicamente o número do nosso aparelho, a fim de que cessassem de perturbar-nos aquelas que o cronista e compositor Antônio Maria chamava "mal-amadas", as mulheres lacerdistas ligando e insultando pela madrugada em defesa do seu ídolo.

Por causa do meu apoio à política externa independente, a Liga Eleitoral Católica retirou-me o nome da lista dos recomendáveis ao voto dos fiéis, e um padre amigo me convidou para falar aos paroquianos do púlpito da sua igreja de subúrbio.

Eu parei de ler as crônicas diárias de Gustavo Corção quando ele encerrou uma delas com um "viva o Chile!", no auge da repressão brutal do general Pinochet contra os partidários do presidente Salvador Allende, deposto e morto em um golpe de Estado sangrento. A disputa passara para dentro da Igreja Católica, entre suas correntes progressista e conservadora lideradas no Rio, respectivamente, por Alceu Amoroso Lima e Corção.

Antes, houve um dia em que este último havia escrito duro artigo contra Afonso Arinos, ao atribuir-lhe considerações feitas por mim. Preparei, então, um telegrama ameaçador, recomendando-lhe cautela antes de entrar no terreno das relações familiares entre pais e filhos, pois haveria réplica. Isso porque seu filho Rogério se queixara comigo, quando servíamos juntos na Embaixada em Viena, de desacordos e desavenças com o pai. Antes de enviar a mensagem, mostrei sua minuta a Carlos Castello Branco, que me advertiu: "Nenhum pai pode ouvir isso." Retirei a frase mencionada por Castello. E Corção desculpou-se comigo pelo jornal.

Na década seguinte, Rogério apareceu de supetão em casa dos meus pais no Rio, onde eu me encontrava hospedado e só. Impressionaram-me o descuido da sua aparência, o desalinho nos seus trajes, e a conversa sempre brilhante, mas por vezes desconexa. Senti-me no dever de alertar Gustavo Corção, e fui visitá-lo.

Corção me recebeu bem, sentando-me junto a uma lâmpada, de forma a que me pudesse encarar, pois estava perdendo a visão. Não concordamos quanto a Rogério, mas seu rosto se iluminou quando lhe perguntei quem era aquela linda moça cujo retrato colocara entre seus livros: Bernadette Soubirous, a santa vidente de Lourdes. Então a conversa mudou de rumo, despedimo-nos cordialmente, e me retirei pacificado.

Enquanto isso, o presidente em exercício do Diretório Regional da UDN da Guanabara prestava à imprensa declarações afrontosas contra o senador Afonso Arinos. Escrevi, então, uma carta violenta ao segundo vice-presidente do Diretório. A UDN, a que Virgílio recomendara tendência socializante quando presidia a seção mineira, se tornava cada vez mais reacionária. Desliguei-me dela e me integrei no Partido Democrata Cristão.

Dias mais tarde, Beatriz, novamente grávida, saiu com Virgílio, Cesário e Afrânio da piscina dos tios Nabuco, onde se banhavam, para voltar pouco depois, toda suja de sangue. Um táxi abalroara de lado, violentamente, o nosso carro, que ela conduzia. O automóvel capotou duas vezes, e parou com as rodas para cima. Virgílio sofreu pequena fratura na clavícula e uma fissura no cotovelo. Os outros foram retirados quase ilesos (Bia, já pesada, saiu com dificuldade), apresentando pequenos cortes de vidro, que lhes valeram alguns pontos no hospital. Prodígio mesmo ocorreu com o pequeno Afrânio, que, atirado para fora com a violência do choque, teve a queda amortecida pelas costas de um gari, que, curvando-se, amarrava o sapato com um pé sobre o meio-fio.

Afonso, então em viagem ao exterior, pediu fosse celebrada missa em ação de graças pela recuperação da nora e dos netos acidentados na Igreja de Santa Rita, cujo pároco era parente de Bia.

Tramonto

* * *

No fim do ano, desapareceu Zaíde, irmã de Afonso. Assistimos aos seus últimos momentos. Rica pelo casamento, dispensava os atavios proporcionados pela fortuna para ajudar o próximo, a cuja conversão religiosa queria dedicar a própria cura se viesse, o que não ocorreu. Certa vez, flagrando um ladrão que lhe adentrara a casa, conversaram, apiedou-se da sua situação e obteve um emprego para ele. Escrevia admiravelmente, como revela carta tocante enviada a um influente cidadão americano seu conhecido, intercedendo, sem êxito, a fim de que o amigo comunista Cândido Portinari pudesse ir ver em Nova York o magnífico painel *Guerra e paz*, por ele pintado para a grande e bela sede das Nações Unidas. Oscar Niemeyer, um dos idealizadores do edifício, também não pôde visitar a metrópole americana pelos mesmos motivos.

Zaíde ia ser madrinha da criança esperada por Beatriz, que lhe queria muito bem, e era retribuída com amor e generosidade. Sílvia não seria vista e batizada pela tia-avó, mas nesta a família teve sempre um exemplo incomparável de caridade, doçura e bondade.

Pouco mais tarde, na véspera do Natal, ganhamos, enfim, o presente delicioso da menina tão esperada, nossa única filha. Bia, desperta mas um pouco sedada, não acreditando de início no que eu lhe dizia, só pôde engrolar quando anunciei a chegada da garotinha: "Mentira!"

O vatapá tradicional com que os Rodrigues Alves reuniam a família nos dias de Natal foi levado a Beatriz na maternidade, pois a mãe ainda não estava em condições de juntar-se aos demais no casarão da rua Senador Vergueiro.

Muito próximo a este, na esquina com a rua Marquês de Paraná, ficava o do grande presidente do Conselho no Império, responsável, enquanto governou, pela precária conciliação entre liberais e conservadores. Se o Brasil fosse um país sério, condição de que duvidara o general De Gaulle, teríamos hoje um museu imperial na mansão de Honório Hermeto Carneiro Leão e outro republicano na de Francisco de Paula Rodrigues Alves. Em vez disso, as duas residências foram derrubadas no mesmo ano. Anah chorou ao saber que demoliam a casa do avô presidente da República, onde ela nascera.

* * *

Começava 1962, e o embaixador de Israel me convidou a visitar seu país. Eu havia recebido apoio e muitos votos de judeus e negros, por ter o mesmo nome do autor da lei contra a discriminação racial no Brasil.

Enquanto Beatriz desmamava Sílvia, adiantei a viagem, hospedando-me nas embaixadas brasileiras em Berna e Roma, até nos reunirmos, em Atenas, na residência do diplomata José Bonifácio de Andrada, que era para Bia "o irmão que nunca tive".

Acolhidos pelo embaixador Barreto Leite, percorremos Israel do deserto do Negev até às paisagens verdejantes da Galileia, sempre acompanhados por altos funcionários do governo israelense. Aproveitamos o repouso do sábado judaico para, munidos de papéis que nos obtivera o embaixador, entrarmos na Jordânia, onde visitamos a Jerusalém antiga e Belém.

Emocionou-me o subsolo do Colégio de Sion, situado no local onde ficava o pretório de Pilatos, e onde ainda se veem, gravados nas pedras do chão, os sinais do "jogo do rei", que os soldados romanos utilizaram para escarnecer Jesus, coroando-o de espinhos e o cobrindo com o manto vermelho.

Mas me desagradou a sem-cerimônia com que um pope ortodoxo à cata de donativos assediava os fiéis cristãos ajoelhados junto à cavidade onde fora plantada a cruz de Cristo. Também não gostei do modo como o padre franciscano tilintava o capuz cheio de moedas a fim de pedir dinheiro nas ruínas da sinagoga de Cafarnaum, onde Jesus pregara. Em Roma, eu já havia protestado contra a grande caixa de vidro, colocada bem defronte às relíquias da cruz de Cristo na Igreja de Santa Croce in Gerusalemme, de cuja abertura caíam moedas tilintando, a exibir Mamon diante de Deus.

O primeiro-ministro David Ben Gurion, criador do Estado de Israel, recebeu-me por quarenta minutos. Perguntava pelo Brasil, e, inteirado por mim dos nossos problemas, murmurou como para consigo mesmo: "Tudo isso pode resolver-se com um bom governo." E me disse: "Em Israel, quem descrê em milagres não é realista."

De volta ao Rio, quis passar a Semana Santa em Diamantina, que não conhecia, sem saber que o Domingo da Paixão chegava para nós. Sentia angústia por me separar dos filhos, e Bia me narrou depois seu forte pressentimento de que não deveríamos fazer essa viagem. Já tínhamos saído de casa, quando, com a intuição certeira de sempre, sugeriu voltarmos para buscar os meninos. Mas eles não estavam sós, ponderei. Ficariam com a avó, e viajar tanto para verem igrejas, museus e casas velhas não era programa para duas crianças de 5 anos.

Fomos dormir em Belo Horizonte. Na manhã seguinte, assistimos na Igreja de São José à missa do Domingo de Ramos. Viajávamos depois para Diamantina pelo caminho de terra em que se sucediam pedras e buracos, quando o carro bateu numa vala da estrada e furou o cárter, grimpando o motor. O motorista de um caminhão cheio de gente nos ofereceu condução até Curvelo, e de lá telefonei para Belo Horizonte, pedindo ajuda a um filho do governador Magalhães Pinto. Ele deixou-me falar e depois me avisou do acidente ocorrido na piscina dos tios Nabuco. Haviam enviado um táxi-aéreo à nossa procura. Pedi-lhe que nos poupasse a viagem de retorno sem saber se nosso filho estava vivo. Virgílio fora eletrocutado. Sempre delicado e bondoso, teve um último gesto de amor ao arrastar um colchão pesado e trazer uma almofada para que a avó se deitasse na grama sem incômodo. Começou a nadar, e, de repente, afundou. Houvera curto-circuito em um dos holofotes subaquáticos que iluminavam a piscina à noite. O primo João Maurício ouviu gritos, mergulhou para tentar salvá-lo e perdeu os sentidos, mas um empregado desligou a corrente elétrica a tempo. Virgílio tinha 5 anos, faria 6 dentro de nove dias.

Só depois da sua morte eu soube que ele buscava de manhã cedo os habitantes do quarteirão, que eu não conhecia, para desejar-lhes um bom dia. Procurava os vizinhos, ajudava as mulheres a descarregar as sacas das feiras, subia ao quarto dos maridos para conversar. Acariciava e passeava dois cães bravos que detestavam crianças, pertencentes a uma moradora do bairro. Apiedava-se das "casinhas dos pobrezinhos" na favela do morro de Santa Marta, ao passar por ali a caminho de casa. Na fazenda de Guaratinguetá, caminhara por bons pedaços de estrada, atravessando córregos a pé, para visitar famílias de colonos humildes nos seus casebres de barro. Um chofer de lotação nosso desconhecido, o Seboso, parou o carro no meio da rua para indagar-me se era verdade que o seu amigo Virgílio falecera.

O pequeno Cesário me disse que morrer era muito triste, e o irmãozinho Afrânio perguntou quando Virgílio voltaria para brincar com ele. O velório e a missa de corpo presente também transcorreram na mansão dos Nabuco, onde há uma pequena capela na encosta do grande jardim. Lembra-me as presenças de Carlos Lacerda, San Tiago Dantas, Cyro de Freitas Valle, Fernando Sabino. Otto Lara Resende e Hélio Pellegrino viraram a noite comigo.

Hélio enviou-me, depois, versos tocantes dedicados "A Virgílio, filho de Afonso". Outros poetas me escreveram sobre a criança angélica: Murilo, que privou com Virgílio em Roma, Schmidt, Bandeira, Drummond, Ribeiro Couto.

Afonso, ao regressar de Nova York, Genebra e Roma, onde tinha chefiado como embaixador as delegações do Brasil, à Assembleia Geral da ONU, à Comissão de Desarmamento e à abertura do Concílio Ecumênico II, era novamente ministro das Relações Exteriores no governo parlamentarista. Abraçou-me chorando. Pensava no neto primogênito.

Com o regime parlamentarista, San Tiago Dantas sucedeu Afonso Arinos no gabinete Tancredo Neves como ministro das Relações Exteriores, e lhe restituiu a pasta no gabinete Brochado da Rocha.

Certo dia, San Tiago avisou à esposa que ia retirar um quisto da região mamária, para voltar logo, mas foi operado de tumor maligno. Visitei-o em casa, e me recebeu no quarto, trocando de camisa atrás do biombo, para que eu não visse a cicatriz da cirurgia a desfigurar-lhe o peito. Mais tarde, em Bruxelas, o deputado Almino Afonso, então ministro do Trabalho, me narrou sua impressão ao assistir a uma longa exposição de San Tiago, como ministro da Fazenda, sobre a situação financeira do Brasil. O ministro se movimentava sem cessar na cadeira onde estava sentado, para minorar as dores que sentia.

E chegou o fim. Falei-lhe pela última vez para Lourdes, aonde a esposa o levara em busca do milagre que não veio.

Já internado no Rio, San Tiago mandou trazer ao hospital, para poder vê-lo defronte ao leito onde expirou, o mais belo quadro que possuía, um De Pisis com paisagem marítima da Côte d'Azur. Recusou a traqueostomia: "Seria mais um sofrimento inútil." E declinou os préstimos espirituais de um prelado ilustre, mas pediu para conversar com o frade capuchinho mais humilde do Convento de Santo Antônio.

Por outro lado, a morte de meu filho me fez cessar praticamente o impulso vigoroso com que atuava na Assembleia Legislativa e fora dela, em campanha para deputado federal. Fui o segundo colocado na chapa do PDC, que só obteve quociente eleitoral para eleger um deputado, Juarez Távora.

Pedi posto ao Itamaraty, e me removeram para a Embaixada em Bruxelas, já promovido a primeiro secretário. Tínhamos como embaixador o veterano político paulista Carlos Cyrillo Júnior, bom homem, mas desinteressado da diplomacia. Preocupava-se, sobretudo, com o que poderia adquirir isento do imposto de importação. Seria substituído dentro em pouco por Afrânio, irmão de Afonso Arinos.

Na madrugada de 14 de junho de 1963, Beatriz teve o último filho. Ela só costumava avisar quando sentia dores a cada minuto, o que me levou a fazer o possível para evitar à criança vir ao mundo no automóvel, à noite, com chuva e em outra cidade. Tomei um atalho calçado de paralelepípedos para encurtar a distância entre Bruxelas e Louvain, onde Afonso nasceu com o chefe das clínicas da universidade. Este era da opinião de que mãe e pai deviam assistir ao parto, o que, de fato, aconteceu. Acompanhei tudo, pela primeira e última vez. Quando, no dia seguinte, voltei para ver Bia e o recém-nascido, foi-me difícil localizar o hospital, e pedi, em francês, informações a um transeunte. Ele nada respondeu, até eu lhe explicar que, como diplomata estrangeiro, residia há pouco tempo na Bélgica, e ainda não falava flamengo, a língua da Flandres, no lado da fronteira linguística onde fica Leuwen, ou Louvain. Então, ao ver que eu não era natural da Valônia, me respondeu em francês impecável.

Nesse mês, o cardeal-arcebispo de Milão, Giovanni Battista Montini, foi eleito no conclave para suceder João XXIII, e tomou o nome de Paulo VI. Eleição esperada, sobretudo pelo seu antecessor. Lembro-me do que senti na ocasião: como era bom ter um papa!

Mas logo a insuportável embaixatriz provocou Bia, tornando inviável nossa permanência em Bruxelas. Pedi remoção, e me transferiram para Haia, onde o embaixador Jayme Chermont era viúvo de Zaíde, irmã de Afonso.

Alugamos a casa de Victor Marijnen, primeiro-ministro dos Países Baixos. Casinha muito simples, simpática e agradável, cuja obtenção nos preocupou, pelo risco de queda do gabinete, e do seu dono voltar a ocupá-la, pois a rainha Juliana não tivera filhos varões, e a princesa Irene, segunda na linha de sucessão, se havia convertido ao catolicismo, o que poderia criar grave problema para a Casa de Orange se tivesse que suceder a irmã primogênita, Beatrix. Antes de nela entrarmos, vi os filhos de Marijnen chegarem em bicicletas para lavar o carro do chefe do governo holandês, que ficara na garagem.

A casa se localizava a pouca distância da praia de Kijkduin, onde pudemos aproveitar um verão ensolarado e sem chuvas, muito raro na Holanda. Bia jogava tênis e visitava comigo alguns dos mais belos museus de pintura do mundo, enquanto as crianças se divertiam pelos arredores tranquilos, tendo Afrânio, certa vez, empurrado o irmão Cesário, que passeava de bicicleta, para dentro do canal fronteiro.

Na Holanda, com uma casinha jeitosa, empregadas brasileiras de toda confiança e sem problemas de saúde, Bia foi muito feliz. Seu problema de sempre, mas também sua alegria, era a criançada, os cinco filhos, fonte de tanto trabalho e de muito consolo.

Também em Brasília, seu próximo destino, as amigas fiéis que saberia fazer e a boa saúde deram-lhe paz e conforto, como na Holanda. Mas as mudanças, arrumar e desmontar residências, nunca lhe permitiram o descanso merecido. Foram dezessete, em quarenta anos.

Enquanto isso, a situação política se radicalizava no Brasil. De Haia, ouvimos o discurso provocador de João Goulart, lançando sargentos contra os oficiais superiores. Um indivíduo sem compromissos democráticos que trabalhava para o governo brasileiro na Holanda me afirmou, entusiasmado: "Temos presidente por dez anos!" Lembra-me que repliquei: "Assim, não dura dez dias." Não durou dois. Veio o golpe de Estado de 1964, e preveni Beatriz, quando o marechal Castelo Branco foi escolhido presidente da República: "Castelo é militar cearense, como Juarez Távora, e decerto vai convocá-lo para compor o Ministério. Então, sendo eu o primeiro suplente do PDC, me chamarão para assumir o lugar de Juarez na Câmara." Dito e feito.

Voltei ao Brasil em avião, Bia e as crianças de navio. Em Brasília, fomos morar no apartamento de Afonso. Anah sofrera antes uma isquemia cardíaca, razão pela qual lhe desaconselharam residir nas alturas da nova capital, e a Arinos desagradava viver só. Hospedou-se em hotel, onde teria, sempre que a desejasse, a companhia de congressistas seus colegas.

Fui o nono deputado Melo Franco. Quando Afonso Arinos assumiu sua cadeira na Câmara em 1947, lembra-me ter-lhe perguntado qual identidade utilizaria, pois o costume parlamentar era só adotar dois nomes. Afrânio de

Melo Franco reclamara do filho que, ao usar Afonso Arinos, estava abandonando a tradição familiar. Meu pai me disse então que, entre Afonso Arinos ou Melo Franco, tencionava aceitar o nome que a taquigrafia da Câmara escolhesse. Por isso, acrescentei ao meu nome o *Filho*, com que não me haviam registrado, para diferenciar-me do senador.

Arinos recebeu, em nome do Senado, o presidente da França, Charles de Gaulle, então em visita ao Brasil, enquanto eu estreava na tribuna da Câmara ao fazer longo discurso sobre o grande estadista francês, no qual aproveitei a oportunidade para expor meu pensamento sobre política internacional. A época era de total submissão do governo brasileiro à hegemonia americana, quando os dois chanceleres de Castelo Branco, Vasco Leitão da Cunha e Juracy Magalhães, rivalizaram em expor aquela dependência. O primeiro se deixou fotografar com chapéu de texano, e o outro disse "o que é bom para os Estados Unidos é bom para o Brasil".

Ao estagiar nas Nações Unidas em 1953, eu vira nossa Missão junto à ONU receber instruções, em assuntos que envolvessem a Delegação dos Estados Unidos contra a União Soviética, para votar sempre com os americanos; nas questões relativas ao colonialismo europeu, apoiar Portugal contra a libertação de Angola e a França contra a independência da Argélia. Ninguém se importava em saber onde estariam, em primeiro lugar, os interesses brasileiros, o que só veio a ocorrer com a política externa independente praticada no Itamaraty pelos chanceleres Afonso Arinos e San Tiago Dantas.

Pouco após havermos chegado à capital, meu velho amigo Pompeu de Souza, coordenador do Departamento de Jornalismo da Universidade de Brasília, convidou-me para nele lecionar a cadeira de Civilização Contemporânea. Mas, no fim do ano seguinte, a universidade seria abalada por crise decorrente da demissão de professores sob pressão militar. Ao viajar com Beatriz para Miami e o México em missão da Câmara (quando nos encantaram as imponentes ruínas astecas de Teotihuacán e os afrescos grandiosos de Diego Rivera), deixei nas mãos de Pompeu carta de demissão, a ser entregue caso ele se exonerasse. Ao regressar a Brasília, eu não era mais docente da UnB, conforme previra. Tinham-se retirado 210 professores, dentre os quais Oscar Niemeyer, o construtor da capital.

Tramonto

* * *

Houve manifestação contra a presença do presidente Castelo Branco em evento realizado no Hotel Glória, no Rio de Janeiro, em consequência da qual foram presos três parentes meus, os jornalistas Antônio Callado, Márcio Moreira Alves e o cineasta Joaquim Pedro de Andrade. Protestei da tribuna da Câmara.

Preparado pelo Ministério das Relações Exteriores, o governo enviou ao Congresso projeto de reforma do Itamaraty, ao qual embaixadores mais antigos fizeram acrescentar emenda criando uma classe especial de "embaixadores da República", que se aposentariam aos 68 anos, em vez dos 65 da lei vigente. Isso significava, além dos embaixadores beneficiados pela reforma serem separados em duas classes, com vantagens diferentes para cada uma delas, acrescer três anos para os distinguidos pelo título "da República" adquirirem dólares, objetos de arte e joias, desfrutando das mordomias a que décadas de luxo, ociosidade e parasitismo, habituais naquela época, os haviam acostumado. Mas a iniciativa iria esclerosar pelo mesmo tempo a carreira diplomática brasileira, na qual representantes mais jovens e competentes pudessem manter um mínimo de eficácia e independência. Falei a respeito, fiz distribuir entre todos os deputados argumentos contrários àquele abuso, e consegui torpedear sua aprovação. Anos mais tarde, colegas cuja carreira fora ajudada pela minha atuação na Câmara se voltariam contra mim, ao criar obstáculos à minha promoção, alegando que eu, como deputado, me opusera à proposta do Ministério.

Antes de findo o ano, pude afirmar postura oposicionista quando o governo federal decretou intervenção em Goiás, *ad referendum* do Congresso Nacional. Meu voto contrário foi aplaudido no recinto, mas, na Comissão de Constituição e Justiça, da qual eu era membro efetivo, caracterizei claramente minha atuação contra a ditadura. Interpelado por um deputado da UDN, lembrei-lhe sermos originários da mesma agremiação política, com a qual eu aprendera a me opor a pressões militares, assistindo à luta daquele partido contra o impedimento dos presidentes Carlos Luz e Café Filho pelo golpe de Estado dos generais Lott e Denys.

Doravante, porém, tratei quase sempre de problemas de política externa, mais afins à minha profissão de diplomata.

Tramonto

* * *

Durante as sessões conjuntas do Congresso, eu gostava de sentar-me na primeira fila do plenário da Câmara ao lado do senador Milton Campos, para deleitar-me com a conversa deliciosa do companheiro da mocidade do senador Afonso Arinos, seu colega e correligionário.

Uma noite, o deputado José Monteiro de Castro, meu padrinho no casamento civil, debruçou-se sobre a bancada à nossa frente, perguntando a Milton se ele iria às bodas de um ex-sacerdote congressista. Milton Campos respondeu pela negativa. "Por quê, Milton?" "Bodas de prata, meu caro."

As melhores anedotas eram as contadas pelos deputados do Rio Grande do Sul. Contudo, dentre estes, o mais próximo a Afonso e a mim foi Carlos Brito Velho, emotivo e bondoso, combativo e muito religioso. Membro da bancada parlamentarista do Partido Libertador, correligionário de Raul Pilla, excelente orador, falou mais de uma vez a favor da reforma agrária. Eu pensava que Brito ainda discursaria em uma sessão noturna. Beatriz veio buscar-me na Câmara, e eu a prevenira sobre o discurso de Brito Velho. Quando disse ao nosso amigo que Bia ali estava para ouvi-lo, ele, que não pretendia orar novamente, subiu à tribuna e voltou a falar, por causa dela.

Afonso Arinos fora o maior adversário de Raul Pilla no terreno doutrinário, havendo oposto vitoriosamente, por duas vezes, pareceres a emendas constitucionais da autoria de Pilla que visavam alterar o sistema político brasileiro, do presidencialismo para o parlamentarismo. Mas a crise conducente ao suicídio de Getúlio Vargas, os golpes militares depondo os presidentes Carlos Luz e Café Filho, dramas da vida política brasileira nos quais Afonso tivera participação estelar, o haviam convencido de que a transmissão do poder político no Brasil constituía historicamente, por si só, possibilidade da abertura de uma ópera trágica. Com o parlamentarismo, naquela hipótese apenas cairia o gabinete ministerial. Assim, Afonso Arinos e Raul Pilla publicaram, a quatro mãos, o livro *Presidencialismo ou parlamentarismo?*, contendo as duas emendas constitucionais Pilla, os dois pareceres vitoriosos de Afonso contra elas, e, como introdução, a conversão de Arinos do presidencialismo ao parlamentarismo. Essa mudança, mais emocional que doutrinária, tornaria Afonso sucessor incansável de Pilla na pregação pelo parlamentarismo.

O major Virgílio de Melo Franco, ao chegar vitorioso do Sul, com o pai, Afrânio de Melo Franco, chanceler da Revolução. Rio de Janeiro, 29 de outubro de 1930.

Com a mãe, Anah, e o pai, Afonso, então tuberculoso. Belo Horizonte, 1930.

Com o avô, Cesário Pereira. Rio de Janeiro, 1931.

Com a avó, Ana Rodrigues Alves. Petrópolis, 19

Diplomata de carreira, sendo empossado pelo presidente Getúlio Vargas. Rio de Janeiro, 1952.

Casamento com Bia. Rio de Janeiro, 1955.

Bia com o filho Virgílio. Rio de Janeiro, 1956.

Bia com o jornalista Carlos Lacerda. Capri, Itália, 1958.

Na casa paterna, com o pai, Afonso, a mãe, Anah, e o irmão, Francisco. Rio de Janeiro, 1961.

Com os filhos Cesário, à esquerda, Caio, no colo, Afrânio e Virgílio, à direita. Rio de Janeiro, 1961.

O pai, Afonso, e Virgílio. Petrópolis, 1961.

Bia com os sogros, Anah e Afonso. Aosta, Itália, 1967.

Bia com os filhos, da direita para a esquerda, Cesário, Afrânio, Caio, Sílvia e Afonso. Genebra, 1967.

Os pais, Afonso e Anah. Petrópolis, anos 70.

Com Jorge Amado na Vila Adriano. Porto, Portugal, 1979.

Entregando credenciais ao papa João Paulo II. Vaticano, 1986.

"O feminismo no Vaticano", 1986.

Bia recebendo a comunhão das mãos do papa João Paulo II. Vaticano, 1989.

Com o papa João Paulo II. Vaticano, 1990.

Bia "ensinando o Pai-Nosso ao Vigário". Vaticano, 1990.

Com Bia na embaixada do Brasil. Wassenaar, Holanda, 1993.

Com Bia no sesquicentenário do presidente Rodrigues Alves. Guaratinguetá, 1998.

Posse na Academia Brasileira de Letras. Rio de Janeiro, 1999.

Celebrando bodas de ouro com Bia. Rio de Janeiro, 2005.

Quanto a mim, tive o privilégio de presenciar, na Câmara, o discurso com que o deputado Raul Pilla encerrou sua grande vida pública.

Nosso amigo Bilac Pinto, eleito presidente da Câmara dos Deputados com o meu voto, pedido pessoalmente por ele, decidira só considerar missões oficiais as viagens de deputados a países estrangeiros quando convidados pelos respectivos parlamentos ou governos, desde que aquelas nações não se encontrassem atrás da chamada "cortina de ferro". Comuniquei-lhe, cordialmente, que levantaria questão de ordem considerando inconstitucional sua decisão, que, além do mais, seria só da Câmara, e não do Senado. "Inconstitucional por quê?", indagou-me. "Porque atenta contra o artigo da Constituição que prescreve competir privativamente ao presidente da República manter relações com estados estrangeiros." Nesse momento, senti-o, intimamente, dando-me razão, pois me disse, após hesitar, que responderia reafirmando quais motivos o levaram a baixar a instrução, mas baseado no Regimento, ao citar artigo ignorado por mim, asseguraria minha inscrição para criticar a decisão da Mesa, e dela recorrer à Comissão de Constituição e Justiça.

Agimos conforme o combinado, e apresentei, mais tarde, projeto de decreto legislativo regulamentando a matéria, mas este não chegou a ser considerado, porque Bilac, ao constatar que seu ponto de vista sofreria derrota unânime na Comissão de Justiça, fez retirar discretamente a decisão contestada, tornando-a sem efeito.

O ministro Vasco Leitão da Cunha, desejoso de atender a insinuações americanas para que lhes prestássemos apoio militar na Guerra do Vietnã, tinha declarado que a remessa eventual de nossas tropas ao sudeste asiático dependeria de decisão do presidente da República, e contestei lembrando ser o assunto da alçada exclusiva do Congresso, que tinha fixado normas para o envio de forças brasileiras ao exterior. Isso desde que o então deputado Afonso Arinos regulara a permanência, em território egípcio, das tropas do Batalhão Suez após a guerra árabe-israelense de 1956.

Quanto ao caso de Cuba, o ministro Leitão da Cunha encararia de bom grado a possível formação, e reconhecimento pelo Brasil, de um governo cubano no exílio. Reportei-me aos antecedentes históricos de tal atitude durante a Segunda Guerra Mundial, quando havia estado de beligerância e casos de invasão territorial, e indaguei se Cuba fora ocupada por algum exército estrangeiro, ou se o Brasil se encontrava em luta armada contra aquele país.

Vasco também havia declarado à imprensa que, no futuro, a integração econômica latino-americana podia ser ampliada da Patagônia ao Alasca, pois, para ele, os Estados Unidos não deviam ficar alijados do mercado comum latino-americano. Fui à tribuna para afirmar que essa forma de integração das duas Américas infligiria golpe mortal à nossa indústria nascente, entregando a América do Sul à livre concorrência entre as grandes empresas norte-americanas.

Provisoriamente, o chanceler parou de falar em tais assuntos.

Rompi de vez com a política externa do governo Castelo Branco quando os fuzileiros navais americanos invadiram a República Dominicana, para evitar a reintegração, na sua Presidência, de Juan Bosh, que dela fora despojado por golpe militar. O Brasil não só apoiou a intervenção armada dos Estados Unidos naquela República, rasgando, com tal atitude, a Carta da Organização dos Estados Americanos, como forneceu tropas à OEA para que São Domingos fosse ocupada temporariamente. Fiz três discursos em plenário sobre o assunto, além de encaminhar a votação em nome da oposição. A posição da bancada do governo foi explicitada pelo antigo chefe integralista Plínio Salgado. O líder da maioria era outro ex-dirigente integralista, Raimundo Padilha.

Pouco depois, Bilac Pinto me telefonou, convidando-me a visitá-lo. A imprensa havia farejado a contrariedade do presidente da Câmara dos Deputados com a intervenção norte-americana na República Dominicana, e ele queria subsídios para uma nota que tencionava divulgar sobre o assunto. Ajudei-o a preparar a nota, Bilac apresentou as restrições possíveis, mas, do lugar que ocupava, devia votar a favor da intervenção, e o fez. Mais uma vez, subi à tribuna, tornando a encaminhar a votação para combater a cumplicidade do Brasil àquela agressão dos Estados Unidos a um país latino-americano, agravada pela ocupação temporária da sua capital por tropas brasileiras em nome da Organização dos Estados Americanos. Naturalmente, o rolo compressor da maioria voltou a derrotar-me.

No entrementes, foram encontrados em território espanhol, nas proximidades da fronteira de Portugal, os corpos do general Humberto Delgado, ex-candidato oposicionista à Presidência da República, e de sua companheira e secretária brasileira. O general Delgado frequentara assiduamente a casa de Afonso Arinos após a tentativa de sequestro do paquete português *Santa Maria*, na noite mesma das posses de Jânio Quadros na Presidência da República e de Afonso no Ministério das Relações Exteriores. Sem maiores atributos intelectuais, Delgado era, entretanto, um batalhador incansável contra a ditadura fascista de Portugal, e de extrema bravura pessoal, chegando até à imprudência no arrojo. Esse descuido acabou por levá-lo a tombar sob as balas da Polícia Internacional e de Defesa do Estado, a famigerada Pide portuguesa. Os dois corpos foram queimados, e o Itamaraty silenciou sobre o assassinato da moça, limitando-se a providências administrativas, como a repatriação do cadáver. Não devendo nem podendo calar, protestei energicamente da tribuna.

Alberto Franco Nogueira, ministro dos Negócios Estrangeiros de Portugal, concedeu, em Lisboa, impertinente entrevista coletiva, ao atropelar a autonomia das nossas decisões em matéria de política internacional e estratégia militar, sugerindo atitudes que acarretariam consequências perigosas para a segurança nacional e a harmonia racial brasileiras. O ministro luso nos propunha incluir o mundo de fala portuguesa dentro das fronteiras do Brasil, e que tal sugestão se estendesse, também, ao campo militar. Queria, em suma, que mestiços brasileiros fossem matar negros africanos por conta dos brancos portugueses. Revidei da tribuna com veemência.

Ademais, o diplomata lusitano, desejoso de vingar o seu ex-chefe Salazar, indagou se estava preso Afonso Arinos, o chanceler brasileiro que, em Lisboa, ousara comunicar ao ditador português a intenção do Brasil de se dissociar da política colonial do seu país.

O governo brasileiro enviou ao Congresso, a fim de ser ratificado, Acordo para Garantia de Investimentos firmado com os Estados Unidos. Ele representava mais um passo no crescente processo de desnacionalização característico do primeiro governo da ditadura militar que se estabeleceu entre nós. O Acordo era claramente inconstitucional, ao permitir que, quando estivesse exaurido o processo judicial brasileiro, no caso de se configurar denegação de justiça, seria possível assegurar ao governo garantidor, o americano, proteção diplomática aos seus nacionais, quando, conforme à Constituição brasileira, a coisa julgada pelo Supremo Tribunal Federal não pode ser derrogada por qualquer outra instância, como a prevista pelo tribunal arbitral referido naquele instrumento jurídico. A inconstitucionalidade, entretanto, seria obviada por ressalva do deputado Oscar Correa, a ele sugerida pelo senador Afonso Arinos, que caracterizava, limitando-os estritamente, os casos de denegação de justiça. Mais tarde, o ministro Roberto Campos diria a meu irmão, seu assessor no Ministério do Planejamento, que a ressalva havia anulado a própria razão de ser do Acordo.

Apesar disso, combati-o duramente, votei contra, mas ele foi aprovado.

Aproximavam-se as eleições para a sucessão dos governos estaduais, e na Guanabara como em Minas Gerais, os governadores daqueles estados, tentando assegurar apoios para o futuro pleito presidencial, optaram por candidatos ligados a eles por estreitos laços familiares. Lacerda escolheu o secretário da Educação, Flexa Ribeiro, cuja filha desposara um filho seu, e Magalhães Pinto impôs a candidatura do secretário da Agricultura, Roberto Rezende, casado com sua sobrinha.

Meu partido, o Democrata Cristão, sofria o destino que aguarda no Brasil as agremiações políticas com conteúdo doutrinário, mas destituídas de lideranças carismáticas, como o nosso e o Socialista. Quanto a este último, lembra-me o que ocorrera na Bahia quando João Mangabeira, do Partido Socialista Brasileiro, irmão do governador Otávio Mangabeira, da União Democrática Nacional, ambos antigos exilados pelo Estado Novo, voltou por primeira vez ao estado natal. Wanderley Pinho, prefeito de Salvador, desejoso de prestar as honrarias merecidas pelo grande brasileiro, mas consciente do constrangimento do governador a fim de homenagear o próprio irmão, se dispôs a recebê-lo reconhecendo o respeito que lhe era devido, a começar por buscá-lo no seu carro. E Otávio: "Não, Wanderley. Mande a caminhonete. Assim você traz o João, o Diretório e o eleitorado."

O PDC da Guanabara lançara, sucessivamente, as candidaturas do ex--prefeito Alim Pedro e do senador socialista Aurélio Viana. Ambos me convidaram para integrar as chapas respectivas como candidato a vice-governador. Mas, embora penhorado pela lembrança, declinei, convencido de que, conquanto Lacerda se houvesse revelado excelente administrador do estado, cumpria barrar-lhe a arrancada autoritária rumo à Presidência da República. Assim, a renúncia à candidatura a vice me conferia autoridade moral para pôr em brios o senso de responsabilidade dos outros candidatos. Todos os deputados federais oposicionistas eleitos pela Guanabara assinaram documento apoiando minha sugestão de pesquisar, entre os eleitores do Rio de Janeiro, qual dos dois candidatos a governador, Negrão de Lima ou Aurélio Viana, reuniria condições de vitória para barrar as ambições presidenciais do governador Carlos Lacerda.

Mas Aurélio não desistiu de concorrer, e, contrariado pela minha divergência, criticou-me publicamente. O mesmo fizeram alguns companheiros do PDC. Contra-ataquei com energia e rispidez, distribuindo à imprensa proclamação abundantemente divulgada. Nela apoiava a candidatura do ex-prefeito Negrão de Lima, candidato do Partido Social Democrático. Não participei da campanha de Negrão, que foi eleito, nem, após a posse, tive qualquer contato com sua administração. Creio, porém, haver ajudado a aplainar-lhe o caminho da vitória contra as pretensões autoritárias do governador.

Pouco depois, jantando no México com Aurélio Viana (por coincidência, viajáramos juntos, em missão da Câmara e do Senado), acertamos os ponteiros. O candidato socialista me confidenciou preferir Lacerda ao que Negrão representava. Egresso da UDN, criada para combater o Estado Novo de Getúlio Vargas mas favorável à ditadura militar, eu me inclinara pelo candidato do PSD. Talvez por nunca haver pertencido àquele partido "cabisbaixo, silencioso e obediente", conforme definição comicamente sincera com que Gustavo Capanema o qualificou certa vez, a conversar com Afonso Arinos.

Anos mais tarde, encontrando Flexa Ribeiro em uma estação de inverno nos Alpes suíços, constatei, com satisfação, haver ele compreendido não terem sido pessoais os motivos por que me opus à sua candidatura.

A eleição de Negrão de Lima e Israel Pinheiro, candidatos do PSD, na Guanabara e em Minas Gerais, não era suportável à ala radical da ditadura, que impôs ao presidente Castelo Branco o Ato Institucional nº 2, determinando a eleição indireta dos governadores estaduais e a extinção das antigas agremiações políticas, com a criação de um partido governista, a Aliança Renovadora Nacional, Arena, e outro da oposição. Optei pelo último, o Movimento Democrático Brasileiro, MDB, do qual fui um dos fundadores nacionais.

Soube, por essa época, que um coronel do Exército planejava organizar expedição para descer em helicóptero na propriedade agrícola de Leonel Brizola perto de Atlântida, no Uruguai, a fim de sequestrá-lo. O assunto chegou também ao deputado Doutel de Andrade, líder da oposição, que veio manifestar-me a intenção de levantá-lo da tribuna da Câmara. Concitei-o, com veemência, a que não o fizesse, pois sua inevitável divulgação pela imprensa poria por terra meio século da política externa do barão do Rio Branco na bacia do Prata. E me comprometi com Doutel a apelar a deputados mineiros influentes no governo militar, amigos meus e de Afonso Arinos, para que agissem de modo a impedir a aventura desmandada. Lembro-me de haver falado com Adauto Cardoso, Bilac Pinto, Pedro Aleixo. Não sei qual deles terá agido para deter o projeto insensato. Mas o presidente Castelo Branco era um homem moderado, e evitou-se o pior.

No final do ano, recebi honrosa comunicação do presidente do Comitê de Imprensa da Câmara dos Deputados, me informando que, na eleição para a escolha dos dez melhores deputados de 1965 nos setores de atuação política em plenário e nas comissões, eu fora distinguido por minha atuação no plenário.

Por essa época, Rubem Braga publicou uma crônica apoiando minha conduta de oposição à política externa subserviente posta em prática pelo governo brasileiro. Para ele, o "grande mudo" passara a ser o Itamaraty, em lugar do Exército.

Em princípios de 1966, o governo federal enviou ao Congresso, para ratificação, o Acordo de Cooperação nos Usos Civis da Energia Atômica entre o Brasil e os Estados Unidos da América, firmado em 1965. Seis anos antes, eu trabalhara com a nossa Delegação junto à Agência Internacional de Energia Atômica, em Viena, e desde então, tendo-me interessado pela matéria, sobre ela me mantinha atualizado. Pesquisa, experimentação e implantação da tecnologia nuclear entre nós permaneceriam, conforme o Acordo, na dependência e sob controle total dos Estados Unidos.

Falei duas vezes, longamente, sobre o assunto, a última delas ao encaminhar a votação em nome da bancada do MDB. Preparei pormenorizada exposição de motivos para uso dos senadores, que em seguida iriam apreciar o Acordo. E redigi, na íntegra, a nota da oposição, a ser lida da tribuna pelos líderes no Senado e na Câmara.

O Acordo se referia a "planta", do inglês *plant*, na acepção de usina, fábrica, instalação industrial, revelando que o próprio tradutor do projeto americano, ao qual nos submetêramos servilmente, estava tão desatento ao vernáculo quanto aos interesses brasileiros.

Respondeu-me o amigo Rondon Pacheco, vice-líder da bancada governista. Partidário das conversas ao pé do ouvido como bom mineiro, sentindo que pisava em terreno escorregadio e pouco conhecido, apelou para a veemência verbal, talvez pela primeira vez na Câmara. Eu ria-me do plenário, ao vê-lo, constrangido, tentando esbravejar sem êxito, pois logo perdeu a voz, e desceu da tribuna totalmente afônico. Mas obteve a aprovação do Acordo.

No mês de maio, inquiri sem pôr panos quentes, ao contrário do costume de congressistas quando interpelavam magnatas, o empresário Antônio Augusto de Azevedo Antunes, na Comissão encarregada de apurar as atividades da Hanna Mining em nosso país. Antunes ligava-se à Hanna através da Indústria e Comércio de Minérios, a Icomi, e, em consequência, seu representante em Brasília convidou-me gentilmente para visitar a Serra do Navio, no Amapá, onde a Icomi explorava manganês associada à Bethlehem Steel. Dispus-me a aceitar, desde que, para não despertar qualquer suspeita de interesse meu a fim de favorecer a empresa, ele convidasse outro representante do partido de oposição, o MDB, para viajarmos juntos. Seguimos o deputado Roberto Saturnino Braga, futuro prefeito e senador pelo Rio de Janeiro, Eliana, sua esposa e namorada desde o colégio onde fôramos contemporâneos, Beatriz e eu. Viajamos pela ferrovia, vimos vilas residenciais, equipamentos de mineração, terminal de embarques e usina de beneficiamento. Mas as reservas de manganês se esgotariam, e a Serra do Navio virou município.

Encantou-nos, no passeio, o sobrevoo de Marajó, com o ruído do avião, voando a baixa altitude, a espantar manadas de búfalos, que fugiam em disparada. Nas proximidades de Macapá, pusemos um pé em cada lado da linha do Equador.

Em meados do ano, reativou-se campanha contra o Brasil no Paraguai, por causa da demarcação de limites. Achava-me superiormente documentado por Guimarães Rosa, chefe da Divisão de Fronteiras do Itamaraty, com quem estive pela última vez na Comissão de Relações Exteriores, onde sentou-se a meu lado em sessão secreta convocada para tratar do litígio, pois nunca tivera essa experiência, e sentia-se tenso. Ele já sofrera um enfarte, e era médico. Mesmo assim, pediu-me um cigarro para relaxar. Quando o fotógrafo presente bateu a chapa, a luz do fósforo que eu acendia iluminou-lhe o rosto, tirando o seu melhor retrato que conheço. Falei sobre a questão fronteiriça por duas vezes em plenário, onde desejava interpelar o chanceler Juracy Magalhães, chamado a depor na Câmara.

O problema, em resumo, era este: o Tratado de Limites com o Paraguai, firmado após a guerra da Tríplice Aliança, estabelecia que as possessões brasileiras iam da foz do Iguaçu ao Salto Grande das Sete Quedas, continuando a linha divisória pelo mais alto da serra de Maracaju, até onde ela finda. Mas a cachoeira das Sete Quedas se estendia pelo rio Paraná abaixo. A partir de qual ponto, da sua margem direita para oeste, se traçava a fronteira? Nossos vizinhos desejavam levá-la a montante das cataratas, só daí subindo a serra de Maracaju. Em 1927, o Paraguai, pelo novo Tratado de limites, reconheceu que a fronteira fora "definitivamente estabelecida" desde 1872.

Argumentei que o general Strossner, ditador do Paraguai, desejava criar um litígio na política externa para reformar a Constituição do seu país, visando a própria reeleição. Juracy, como embaixador em Washington, firmara com o governo americano os acordos para garantia de Investimentos e de Cooperação nos Usos Civis da Energia Atômica, aos quais me opus energicamente no Congresso. Mas se referiu a mim como "diplomata que honra a Casa a que no momento sirvo" como ministro das Relações Exteriores. Dias depois, Adauto Cardoso, presidente da Câmara dos Deputados, chamou-me ao seu gabinete para me exibir, entre solene e jocoso como era do seu feitio, telegrama que recebera do presidente da *Honorable Camara de Representantes del Paraguay* dando-me conhecimento do texto em que aquela Câmara repudiava, por unanimidade, minhas "imputações irresponsáveis" sobre o problema fronteiriço.

Cerca de 15 anos mais tarde, um dos meus adidos militares contou-me que o Exército brasileiro estivera, na ocasião, prestes a entrar em Puerto Coronel Renato, no Paraguai, para solucionar a questão pela força armada. Mas veio a represa de Itaipu e inundou o problema.

O Executivo transformou o Congresso Nacional em Assembleia Constituinte para debater e votar o projeto da futura Constituição de 1967. Eu fora deputado constituinte em nível mais modesto, estadual, mas eleito pelo povo, a fim de elaborarmos a Constituição do estado da Guanabara em 1961. Não queria sê-lo, em Brasília, por imposição militar. A carreira diplomática, minha profissão, obedece a disciplina severa e rígidas disposições estatutárias, inclusive obrigatoriedade de estágios no exterior. Eu cumprira os mandatos recebidos do povo do Rio de Janeiro sem ocultar convicções, ou negociar atitudes políticas. Jamais troquei um voto por interesse. Funcionário da União, nunca hesitei em criticar posições dos governos estadual e federal quando considerava dever de consciência opor-me a elas. Tampouco empreguei alguém na Câmara dos Deputados, ou nomeei para a Assembleia Legislativa. Tentei cumprir o dever de utilidade, que Barbosa Lima prescrevia. Mas temo não possa dizer o mesmo sobre minha atividade em benefício da "opção preferencial pelos pobres", e contra as "estruturas de pecado", denunciadas por João Paulo II mais adiante. A torre de marfim de Brasília, ao contrário da caixa de ressonância do Rio de Janeiro, não facilita o cumprimento da razão de ser do Estado no contrato social, que é dar justiça aos que não têm meios de obtê-la pelas próprias mãos.

Na Câmara, em circunstâncias cada vez mais penosas para exercer, sob o peso da ditadura militar, o mandato para o qual fora eleito com independência e liberdade, senti que chegava ao fim minha experiência parlamentar, estadual e federal. Decidi renunciar, abrindo ao MDB da Guanabara a ambicionada vaga de deputado constituinte. Mas só o faria após impor ao partido, para as eleições seguintes, as candidaturas de Márcio Moreira Alves e Mário Pedrosa, que criavam dificuldades à nítida vocação adesista daquela facção estadual de uma agremiação política dita de oposição.

Solicitei audiência ao ministro Juracy Magalhães, que me recebeu sorrindo cordialmente: "Você tem esperneado muito na Câmara." "Pois vim dizer-lhe que não o farei mais, comunicar minha próxima reintegração na carreira diplomática, e pedir posto." Juracy me ofereceu com generosidade: "Mando-o para Paris." Respondi que, em tal circunstância, só nós dois saberíamos que eu não me calara a fim de ser removido para a França. Optei pelo Consulado em Genebra, que estava vago.

Por indicação de Adauto Cardoso, presidente da Câmara, ainda fui a Nova York, como observador parlamentar, à Assembleia Geral das Nações Unidas, pois outros deputados, empenhados na campanha eleitoral, não podiam viajar ao exterior.

Meu irmão me levou ao aeroporto. A caminho, contou-me que estavam sendo vendidos, por hora, três mil discos de *A banda*, do nosso primo Chico

Buarque, composição vencedora do Festival de Música Popular Brasileira no ano anterior.

Eu havia combinado encontrar-me em Nova York com Sérgio Buarque de Holanda, seu pai, que ministrava um curso na Universidade de Columbia.

Sérgio marcou almoço em um restaurante italiano que me disse pertencer à Máfia, certo de que ali comeríamos muito bem. Quando o informei sobre o sucesso d'*A banda*, brindou repetidas vezes com o vinho Chianti que tomávamos, exclamando: "Sou o avô d'*A banda*!" Depois, fomos visitar-lhe a filha Heloísa Maria, Miúcha, que trocava as fraldas da recém-nascida Isabel. Bebel é filha sua e de João Gilberto. E Chico, parceiro de Francis Hime, filho de Dália Antonina, boa pintora, prima-irmã de Afonso como Maria Amélia, mãe de Chico. Aquela pelo lado paterno, esta pelo materno. Sem dúvida, várias e excelentes contribuições familiares para a música popular brasileira, e a arte em geral.

Chegando a Nova York, não fui designado pelo embaixador Sette Câmara para acompanhar os trabalhos de qualquer comissão. Sette mantinha profundo rancor contra Afonso Arinos e contra mim, pois, na gestão de meu pai como ministro das Relações Exteriores do presidente Jânio Quadros, me pedira que interviesse para ele não ser afastado da chefia da Delegação do Brasil em Genebra. Fiz o que me solicitou, mas o ministro Mário Gibson, chefe do Gabinete do chanceler, telegrafou-lhe no sentido de aguardar instruções. O problema funcional morreu aí, pois, nesse ínterim, Jânio renunciara, mas ficou o ódio do embaixador.

Em 20 de outubro de 1966, o Ato Complementar nº 24, emitido por Castelo Branco, estabeleceu recesso parlamentar até 22 de novembro para, no dia 15 daquele mês, se efetuarem as eleições legislativas que conformariam a Assembleia Constituinte destinada a elaborar a Constituição de 1967, de curta e precária duração. Com o Congresso fechado, não me ficava bem permanecer em Nova York na condição de observador parlamentar, recebendo diárias em dólares sem ter a quem representar, pois nem sequer poderia apresentar à Câmara dos Deputados o relatório de praxe sobre o que houvesse observado. Resolvi regressar ao Brasil, e Sette Câmara concordou: "É mesmo, você nem poderá fazer o seu discurso."

Soube mais tarde, através de ofício encontrado no Serviço Nacional de Informações, que ele me denunciara por causa desse episódio. Sette escreveu que eu tinha feito "um comício" contra o nosso governo perante outros delegados brasileiros, deixando-os "muito constrangidos". Isso era rigorosamente falso. Diplomata de profissão, nunca critiquei a ditadura militar no exterior, nem precisava. Falei aqui mesmo, como deputado, diante da bancada governista, de redatores dos jornais, das emissoras de rádio e televisão, de agentes do SNI.

Afonso Arinos aflorou o caso no seu livro *A escalada*: "O embaixador Sette Câmara, (...) depois da revolução, abandonou JK, seu protetor e utilizou processos pouco éticos para me ferir, na pessoa de meu filho. Não lhe quero mal por isso. Está na sua maneira de ser."

Em outubro de 1966, foi criada a Frente Ampla reunindo Carlos Lacerda aos antigos adversários Juscelino Kubitschek e João Goulart, sob a mediação dos deputados Renato Archer e Doutel de Andrade. Afonso Arinos, consultado, declinou integrá-la. Nela, Lacerda passou a apoiar com veemência a chamada política externa independente, que Afonso havia praticado no Itamaraty e eu defendido como deputado estadual e federal, sendo ambos, em virtude disso, brutalmente agredidos por ele. A ditadura extinguiu a Frente Ampla em abril de 1968, e cassou os direitos políticos do antigo governador da Guanabara, que tanto fizera para instalar os militares no poder federal.

Voltei de Nova York ao Rio a fim de buscar a família, e seguimos todos para a Suíça em fins de 1966. Eu recordava as reminiscências saudosas de Afonso, que viveu em Genebra enquanto o pai era embaixador do Brasil junto à Liga das Nações, e em Montana quando tuberculoso no sanatório.

Meus filhos, encantados, olhavam a neve rodeando o trem em que descíamos de Zurique, até abrir-se uma curva sobre o espelho azul do lago Léman.

Um diplomata brasileiro, removido de Genebra, me transferiu o grande chalé de madeira que alugara em Bellevue, no caminho para Lausanne, quase à beira do lago, de onde se via o monte Branco.

O chalé tinha três andares, porão e vasto parque arborizado. O caminho do portão até à casa era ladeado por tulipas vermelhas, que Beatriz amava. Defronte, erguia-se um enorme pinheiro. Bia se meteu na cama quando viu Afrânio empoleirado no seu galho mais alto.

De manhã cedo, no inverno, quando ainda fazia escuro, eu levava as crianças à escola comunal. O ensino público era admirável, elas amavam a professora, assim como esquiar, patinar no gelo e brincar na neve em seus pequenos trenós.

Tinham amigos na escola e na vizinhança, foram muito felizes. Nunca antes houvera tanto terreno e tamanho espaço doméstico para eles se divertirem. Beatriz fez boas amigas entre as mulheres dos vizinhos, prestativas e solidárias. Um deles era deputado cantonal, socialista e pobre. O outro, conservador e rico.

Chefe da Delegação do Brasil em Genebra era o embaixador Azeredo da Silveira, que me disse certa vez, diante de Bia, de May, sua mulher, e do embaixador Cyro de Freitas Vale, haver recebido carta através da qual o cardeal secretário de Estado, Amleto Giovanni Cicognani, lhe transmitira indagação do papa Paulo VI sobre como devia dirigir a Igreja Católica.

De passagem por Genebra, Roberto Campos, imitando o forte sotaque alemão do secretário de Estado americano, contou-me que ouvira de Henry Kissinger: "Silveira e eu, em níveis diferentes de realizações (*at different levels of accomplishment*), somos os dois maiores megalomaníacos que jamais encontrei." De minha parte, eu acrescentaria àqueles nomes os de ambos os Gilbertos, Amado e Freyre.

Um dia, levei Gilberto Amado, delegado do Brasil à Comissão de Direito Internacional das Nações Unidas, que se reunia em Genebra, ao aeroporto próximo à nossa casa em Bellevue. Ele me disse então considerar Anah, minha mãe, "o maior dos brasileiros vivos". Assim mesmo, no gênero masculino. Depois ajuntou fulano e beltrano (não lembro mais a quem se referia, mas sem incluir Afonso Arinos). Eu, quieto. Enfim, desabafou: "Esperava que você acrescentasse Gilberto Amado."

Bia e eu gostávamos de passear pelas ruelas íngremes da Vieille Ville, em uma das quais ela já havia morado com a tia cônsul. Irreparável foi o vazio que senti com a ausência do Santíssimo na antiga Catedral de São Pedro, onde se pode ver a cadeira da qual Calvino pregava.

Ela foi operada de novo, para corrigir deslocamentos abdominais internos decorrentes de cirurgias anteriores, mas nunca se daria bem com o clima de Genebra. O serviço de empregadas domésticas era escasso para ajudá-la com a família numerosa. Bia desdobrava-se, incansável, mas a saúde física e psíquica se ressentia.

Paulo VI falou à Conferência Internacional do Trabalho, que então se efetuava. Assisti à missa rezada por ele na borda do lago Léman, e pensei em

Calvino, quando vi o papa celebrar culto católico na cidade que o reformador protestante dominara.

O clima se mantinha quase sempre frio, chuvoso e sombrio, o que nos levou a alugar durante um mês, para os filhos e para nós também, nos três anos lá passados, uma casa de praia no balneário de Benicasim, na costa do Levante espanhol.

Nessas férias de verão na Espanha, visitamos lindas cidades antigas, velhos fortes, belas igrejas e conventos, museus estupendos. Tomávamos banhos deliciosos no mar sem ondas, víamos touradas. Nas corridas de touros, só Afrânio, dentre os meus filhos, sensibilizou-se com a crueldade dos maus-tratos a que submetem o bicho, alegre e inocente ao entrar na arena, antes de ser torturado e executado.

Procuramos João Cabral de Melo Neto em Barcelona, onde ele era cônsul. Certa vez, me disse que, a seu ver, o maior poeta do mundo no século XX foi Federico García Lorca. Comprei, em Valencia, as obras completas do grande andaluz, e me pus a ler para Beatriz o belo *Llanto por Ignacio Sánchez Mejías*. Então, Bia transmitiu-me a sensação com que sua sensibilidade feminina se reconhecia nos versos emocionados através dos quais o poeta se referia ao corpo do toureiro morto. Levei a um amigo espanhol as impressões de minha mulher sobre García Lorca, e ele anuiu, compungido: "*Un marica perdido!*"

E o papa, quando voltávamos das férias na Espanha (li a notícia durante a viagem), expediria a carta encíclica *Humanae vitae*, desencadeando grande reação contrária entre os fiéis, ao vedar às mulheres católicas o uso da pílula anticoncepcional.

Na Suíça e na Itália, convivemos com Daniel Bovet, fisiologista suíço naturalizado italiano, tão ilustre quanto modesto, sogro da minha prima-irmã Ana Margarida, filha de Anah, irmã de Afonso, e de Carlos Chagas. Em 1957, quando morávamos em Roma, Bovet ganhara o Prêmio Nobel de Medicina por suas descobertas na área dos anti-histamínicos. Era casado com Filomena Nitti, filha de Francesco Saverio Nitti, chefe do governo da Itália dois anos antes de Mussolini. Anna Francesca, primeira neta do casal Bovet, é minha afilhada.

* * *

Concederam-me o título de conselheiro, que, naquela época, não significava um degrau a mais de ascensão na carreira diplomática, porém simples distinção por mérito e pequeno acréscimo na remuneração, que se ia toda no aluguel do grande chalé.

O deputado Márcio Moreira Alves havia tomado do microfone de apartes no plenário quase vazio da Câmara dos Deputados para reagir contra intervenção militar na Universidade de Brasília, sugerindo que o povo, em represália, não fosse assistir à parada no dia 7 de Setembro, e as moças se abstivessem de namorar os cadetes. Por esse motivo, que consideravam grave ameaça à segurança nacional, os militares pediram a cassação do seu mandato. Havendo a Câmara rejeitado a exigência, fecharam o Congresso e impuseram o Ato Institucional nº 5 em 13 de dezembro de 1968, desmascarando a ditadura. O Brasil não era mesmo um país sério.

Vieram, depois, o derrame cerebral do presidente Artur da Costa e Silva, o veto militar a que o vice-presidente civil Pedro Aleixo assumisse a Presidência, a tomada do poder pela junta composta por um general, um almirante e um brigadeiro, a morte do general Costa e Silva, a escolha do general Emílio Garrastazu Médici para ocupar a chefia do Estado e do governo. Tudo isso é história com h minúsculo.

Em julho de 1969, vimos da Suíça, pela televisão, estranhos escafandristas caminhando sobre a Lua.

E, no fim do ano, fui removido para a Embaixada nos Estados Unidos.
Morar em Washington para um diplomata estrangeiro é como viver na Roma antiga, no centro de tudo o que acontece na civilização ocidental, sendo o Senado americano a assembleia política mais poderosa do mundo.

Alugamos uma casa em Bethesda, subúrbio muito agradável da capital, mas que já se encontra no estado de Maryland. A rua onde morávamos era toda enfeitada, na primavera, por cerejeiras com flores cor-de-rosa, e três excelentes escolas para os filhos ficavam a pouca distância de onde habitávamos. Nelas, nossos filhos fizeram amigos que, como na Suíça, permaneceram após haverem deixado os Estados Unidos, e acrescentaram o idioma inglês ao francês aprendido em Genebra, línguas que lhes seriam úteis para sempre.

* * *

Pouco após nossa chegada, no início de 1970, a vida cultural de Washington foi enriquecida pela grande massa retangular de mármore branco do Kennedy Center, dominando o rio Potomac por detrás de uma esplanada onde, à noite, se elevam fontes coloridas, e de dia leem-se, gravados em bronze, excertos de pronunciamentos históricos do malogrado presidente Kennedy. Bia reclamou do mau gosto dos enormes lustres a iluminar o *foyer* que ligava três excelentes salas de espetáculo para teatro, ópera, balé e concertos, das quais nos tornamos frequentadores.

Na capital americana, tinha-se a impressão de haver mais militares que civis a serviço do governo brasileiro, nas adidâncias das três armas, na Junta Interamericana de Defesa e nas comissões de compra de equipamentos bélicos. Um deles, elemento de ligação do então ministro da Guerra com o Congresso na época em que eu era deputado, estranhava, referindo-se à minha presença naquele posto, a presença de um antigo parlamentar oposicionista, "inimigo da revolução", na chefia do setor político da nossa Embaixada em Washington. Eu soube, todavia, por outro militar acreditado nos Estados Unidos, que vários dos seus companheiros admiravam Afonso Arinos, lastimando não ser totalmente adotada pelo governo brasileiro a política externa por ele conduzida no Itamaraty.

No setor político, substituí Alberto da Costa e Silva, parente de Beatriz. Dele herdei suas funções na embaixada e a casa onde morava em Bethesda. Mais tarde, viríamos a ser colegas na Academia Brasileira de Letras.

O presidente Médici dirigira a Mário Gibson Barbosa, até então embaixador em Washington, convite para ocupar o Ministério das Relações Exteriores. Eu havia sugerido a Afonso Arinos, quando chanceler, o nome de Gibson a fim de chefiar-lhe o gabinete. Para sucedê-lo nos Estados Unidos, Mário Gibson designou Mozart Gurgel Valente, com quem convivêramos em Bruxelas, quando eu era secretário da embaixada do Brasil na Bélgica, enquanto ele servia em nossa delegação junto à Comunidade Econômica Europeia.

Beatriz começou a estudar cerâmica, arte que não mais abandonaria. E se definiu sem querer: "Artista, em geral, é aquele que mistura sensibilidade com emotividade de forma pouco comum." Pressagiando a excelente ceramista que veio a ser, com o bom gosto infuso aplicado onde punha as mãos, encantou-se, quando a levei à Nova Inglaterra, com o grande museu de porcelanas existente em Boston, cujo catálogo fora traduzido por Anah para o português.

Obtive no Arquivo Nacional em Washington, para a biografia que Afonso Arinos preparava sobre Rodrigues Alves, informações do Departamento de Estado citando os telegramas e ofícios da legação, depois embaixada americana no Brasil, durante o governo do presidente paulista. Na ocasião, o grosso das preocupações dos diplomatas dos Estados Unidos versava a questão do Acre, em que o Brasil se atravessou no caminho da tentativa anglo-americana de criar um quisto imperialista no ventre mole da América do Sul através do Bolivian Syndicate, ao qual o governo da Bolívia cedera poderes quase soberanos sobre aquele território. Afonso presenteou o Instituto Histórico e Geográfico Brasileiro com uma cópia do meu trabalho, e, como retribuição, Pedro Calmon, presidente do Instituto, dele me fez sócio correspondente.

A Copa do Mundo de 1970 foi uma festa. Assisti no Madison Square Garden de Nova York, com meus pais e o filho Cesário, à vitória contra a Inglaterra, transmitida por televisão em circuito fechado. Não imaginava que pudessem aparecer na gigantesca metrópole americana tantos brasileiros, os quais, de altos funcionários internacionais a marinheiros de navios atracados, lotaram completamente o grande ginásio. Afonso, ao saudar o único gol do Brasil, gritou e pulou tanto que se sentiu vertiginoso.

Na partida final contra a Itália, vista no Civic Center de Baltimore, não me contive e bradei *"La commedia è finita!"* para os italianos que se retiravam depois do quarto gol brasileiro. O embaixador Gurgel Valente, a quem eu prevenira em tempo que uma malta ululante e suarenta se dirigia para a embaixada do Brasil, comprou caixotes de cerveja gelada e, após uma arenga hospitaleira e patriótica, regeu o hino nacional para a turba esfalfada e feliz. Depois, confessou-me ter vivido, enfim, um velho sonho irrealizado, que ensaiava muitas vezes defronte ao espelho do banheiro, a dirigir orquestras e coros imaginários.

Mozart já se queixara comigo de sentir, às vezes, "uma dorzinha assim, atravessada no peito", acompanhando o que contava com a mão sobre o coração e o antebraço na horizontal.

Tramonto

A crise fatal veio em dezembro. Hospitalizado durante alguns dias, pensando que por estafa, voltou a casa a fim de oferecer, na Embaixada, um jantar para o embaixador de Israel, Yitzak Rabin (futuro primeiro-ministro pacifista, assassinado por um terrorista israelense), e os senadores americanos Stuart Symington e Jacob Javits. Tentei demovê-lo da obrigação diplomática e social que se impusera, mas os convites já estavam expedidos. No máximo, consegui convencê-lo a não discursar, o que ele pretendia fazer. Mozart aborreceu-se quando Symington reclamou de Elianne, sua esposa francesa, que um senador americano não deveria sentar-se à esquerda da embaixatriz, pois ela dera a direita ao embaixador Rabin.

Na madrugada seguinte, o ataque cardíaco recrudesceu, ainda sob forma anginosa. Mozart voltou ao hospital. A esposa do ministro Gibson, hóspede da Embaixada, tinha recomendado que ninguém fosse à clínica, onde Elianne estava sozinha, mas Bia me aconselhou a ir de qualquer maneira. Acorri ao hospital, onde a embaixatriz, solitária e impotente, aguardava o desenrolar dos acontecimentos. A angina teria dado lugar ao enfarte, pois as dores do embaixador se tornaram lancinantes. Até que um médico irrompeu no aposento onde nos encontrávamos, informando que Mozart já sofrera três paradas cardíacas, mas continuava resistindo a custo de choques elétricos. Elianne e eu nos demos as mãos em silêncio. Mais uns poucos minutos, o médico voltou anunciando: "Mandei desligar todos os aparelhos." Disse-o sem acrescentar uma palavra que denotasse qualquer sentimento, pessoal ou profissional. Ao entrarmos no quarto, Mozart parecia um menino, serenamente adormecido debaixo dos lençóis, os cabelos encaracolados sobre a testa orvalhada de suor. Assim a embaixatriz do Brasil foi informada sobre a morte do marido, que estava lendo *Planalto* e comentava comigo o livro de memórias onde Afonso Arinos descrevia sua passagem pelo Itamaraty, pela ONU e pela Comissão de Desarmamento.

Mozart completara apenas 51 anos. O bolo que sopramos pouco antes na embaixada tinha, por delicadeza de Elianne, os nossos dois nomes desenhados, pois aniversariávamos no mesmo dia.

Ajudei a carregar o caixão coberto com a bandeira brasileira para a Catedral de São Mateus, onde, durante a missa, escutamos a execução mais pungente do Hino Nacional que já me fora dado ouvir, tocada no órgão da igreja.

* * *

Sucedeu Mozart em Washington, transferido das Nações Unidas em Nova York, o embaixador João Augusto de Araújo Castro, que fora meu colega na Embaixada em Roma.

Em 1971, passamos na casa de meus pais no Rio, com toda a família, as férias grandes, correspondentes ao verão do hemisfério Norte.

Fui rever com Bia cidades coloniais mineiras. Levei-a a Ouro Preto (onde já havíamos estado antes), Mariana, Congonhas, Cachoeira do Campo.

Voltando ao Rio, me chamaram de Brasília ao telefone. Era o ministro Gibson Barbosa. "Senhor ministro", atendi formalmente. "Senhor ministro digo eu", respondeu-me com alegria. Nove anos depois de haver sido promovido por San Tiago Dantas em 1962, o "inimigo da revolução" se tornava ministro pelas mãos de Mário Gibson.

O chanceler conduziu-me a Brasília a fim de agradecer ao presidente Médici a promoção, o que fiz, aproveitando para dizer-lhe que não me arrependia do que falara ou fizera quando deputado, ao que o general reagiu com bonomia.

De volta a Washington, fui mantido na Embaixada como ministro-conselheiro. Araújo Castro não perdeu a oportunidade de comentar que eu viajara a Minas Gerais para receber a promoção em cidades históricas.

Em julho, o presidente Richard Nixon surpreendeu o mundo com a revelação de que iria à China antes de maio do ano seguinte, e divulgou, ao mesmo tempo, o encontro secreto mantido por Henry Kissinger com o primeiro-ministro Chou En-lai. Era o reconhecimento tardio, pelos Estados Unidos, da esfera de influência chinesa.

No fim do ano, Médici visitou Washington a convite de Nixon. Houve um episódio cômico, decorrente da viagem antecipada do chefe do Cerimonial da Presidência da República aos Estados Unidos para preparar a visita. Como a esposa de Médici usaria chapéu, ele recomendou, com o seu forte acento francês, que todas as brasileiras deveriam receber dona Scylla de *chapeau*. Bia, que nunca usava chapéu, nem os possuía, resolveu o problema adquirindo uma espécie de turbante-lenço muito elegante.

Como ministro-chefe do setor político da Embaixada, preparei os *background papers* para as conversações entre os dois presidentes. Assistimos ao encontro entre ambos na Casa Branca. Quando Nixon disse que para onde fosse o Brasil iria a América Latina, Araújo Castro, alarmado com a iniciativa do presidente americano ao considerar o Brasil, de fala portuguesa e governado por uma ditadura militar, como líder dos países continentais de língua espanhola, resmungou a meu lado: "Ou esse sujeito é um cretino completo, ou muito safado. Vou levar um ano tentando desfazer isso."

Bia participou de uma reunião só de mulheres, achando Pat Nixon mais bonita pessoalmente do que na televisão.

Acompanhei o senador Carvalho Pinto, ex-governador de São Paulo, meu parente (primo de Anah pelo lado Rodrigues Alves), membro da comitiva de Médici como presidente da Comissão de Relações Exteriores do Senado, à sua visita ao líder da maioria democrata no Senado americano, Mike Mansfield. Este nos recebeu com simplicidade e cortesia, conversou longamente, mas manteve silêncio polido e glacial cada vez que o colega brasileiro, bastante contrafeito, tentava explicar, justificando-o, o estado de exceção institucional vigente no Brasil.

Com toda a família, viramos o ano para 1972 em Ottawa, hóspedes de Frank Moscoso, embaixador do Brasil no Canadá e bondoso tio materno de Beatriz. Frank possuía o *physique du rôle* de um galante diplomata, mas não tive boa impressão da sua saúde. Sentia dores de angina pectoris, e me disse que não suportaria outro inverno naquele país glacial. Pouco antes, eu fora ver Odylo Costa no famoso hospital para cardiopatas em Cleveland, perto do Canadá, onde lhe aplicaram uma ponte mamária, e recomendei a Frank uma cirurgia cardíaca. Mas ele hesitava.

Para esquiar com meus filhos na estação de inverno mais próxima de Ottawa, mas já em Québec, tomei lição de esqui. O instrutor, muito claro, com cabelos compridos e longos bigodes pretos, indagou-me, num inglês perfeito, em qual língua eu desejava receber as instruções. Respondi que, para ouvir, tanto fazia, mas preferia falar francês. Ele exclamou: "Que felicidade! A minha primeira lição do ano, em francês!" Era o problema linguístico dividindo o Canadá como a Bélgica, o mesmo que eu sentira em Louvain, quando nasceu nosso filho Afonso.

A profecia funesta de Frank Moscoso se cumpriu em novembro. O Itamaraty não atendeu a várias instâncias suas para ser retirado da geladeira canadense. Sua mulher foi ao Brasil, e de regresso a Ottawa, encontrou muito reduzido o conteúdo do vidro de medicamento que ele tomava contra as crises anginosas. Veio, afinal, o enfarte fulminante, e viajamos a Ottawa para buscar-lhe o corpo, que levamos, em um avião da Força Aérea do Canadá, até Nova York, de onde o embarcamos para o Brasil.

Frank encerrou a carreira e a vida na chefia de missão diplomática; como Caio de Melo Franco, falecido em Paris enquanto embaixador na França; como o poeta maior Ribeiro Couto, embaixador recém-aposentado na Iugoslávia, a morrer de repente no hotel parisiense onde vivia a esposa, quando ambos se preparavam para regressar definitivamente ao Brasil; como Magalhães de Azeredo, que se extinguiu em Roma após passar grande parte da sua longa existência chefiando a nossa missão junto à Santa Sé; como tantos outros, que cumpriram a triste sina de findar a serviço da pátria e longe dela. Como o primeiro Afonso Arinos, grande escritor regionalista e acadêmico, irmão de Afrânio de Melo Franco, morto em Barcelona ao ser operado *in extremis*.

Afonso e Anah nos visitaram nos Estados Unidos em duas ocasiões. Na primeira, o autor da lei contra a discriminação racial no Brasil e grande admirador de Abraham Lincoln (era leitor atento de Carl Sandburg, biógrafo de Lincoln) se impressionou com a visita feita, no Teatro Ford, ao camarote no qual John Booth feriu mortalmente o grande estadista que preservou a união dos Estados Unidos da América e redimiu a raça negra em seu país. Estivemos, também, na casa onde o presidente expirou, situada defronte ao teatro.

Na segunda visita, Afonso se encontrava em estado de depressão profunda, talvez agravada pelo esforço feito para terminar *Rodrigues Alves — Apogeu e declínio do presidencialismo*, sua segunda biografia histórica, na qual se empenhara após haver escrito *Um estadista da República — Afrânio de Melo Franco e seu tempo*. Justapostos, os dois livros perfazem, praticamente, uma história da Primeira República.

Bia lhe seria de grande dedicação até o completo restabelecimento do sogro, servindo como intermediária entre ele, no Brasil, e o médico que a tratava no Hospital Naval de Bethesda, próximo à nossa casa, no qual se internavam, em caso de necessidade, os presidentes dos Estados Unidos.

Certo dia, o embaixador Araújo Castro se aconselhou comigo. Os adidos militares o haviam procurado, solicitando providências para que a bandeira nacional, içada no mastro da Embaixada, merecesse honras adequadas. Reclamavam do guarda a descê-la, dobrar e retirar, levando-a debaixo do braço, ao passo que, em Paris, o general Lira Tavares, embaixador, reunia os funcionários a fim de baixá-la com cerimônia. Lembrei-lhe ser militar o embaixador em Paris, e ele não. Tampouco embaixada era quartel. De repente, o embaixador abriu um sorriso largo, bradando: "Zezinho!" Acorreu o introdutor diplomático José Bonifácio de Andrada. Araújo Castro, qual novo Castro Alves, ordenou então: "Andrada, arranca esse pendão dos ares!" E ficou tudo por isso mesmo.

De outra feita, Castro nos preveniu de que Roberto Campos estava em Washington. Indagado por que motivo, respondeu, maledicente: "Em *home leave*." Roberto soube da brincadeira e não gostou, pedindo explicações.

Em 1971, o *New York Times* começara a publicar a "História do processo de tomada de decisão nos Estados Unidos sobre a política no Vietnã", que se tornou conhecida pelo título de *Pentagon Papers*. Descobria e denunciava horrores cometidos pelas forças armadas americanas no sudeste asiático, com atentados rotineiros aos direitos humanos e contra o meio ambiente.

Símbolo desse estado de espírito, dessa confusão de valores em que pobres desgraçados só pediam paz aos céus para plantar seu arroz e comer seu peixe, pouco se lhes dando os homens ou regimes no poder em Hanói ou Saigon, os quais de quase nada valeriam para melhorar a pobre vida por eles levada; encarnação dessa violência mecanizada, tecnocrática, massificada, monstruosa e inútil, foi o jovem tenente com cara gordota, rosada, atônita e atoleimada, fazendo assassinar a sangue-frio mais de cem lavradores indefesos, velhos, mulheres e crianças na aldeia de My Lai, lançados numa fossa comum que eles mesmos haviam sido obrigados a cavar.

Ouvi, na televisão, o general comandante das forças armadas dos Estados Unidos afirmar serenamente que os vietnamitas não sofriam tanto como os homens brancos com a morte. Quanto mais crianças são assassinadas por psicopatas nas escolas, mais armas mortíferas a National Rifle Association faz venderem naquele país obcecado pela violência, tão americana como a torta de maçã, na opinião do violento chefe dos Panteras Negras.

Em junho de 1972, cinco homens foram presos em flagrante pela polícia de Washington quando invadiam a Comissão Nacional Democrática, sediada em um grande edifício onde também se localizava a chancelaria da Delegação do Brasil junto à Organização dos Estados Americanos. Situado à margem do Potomac, chamava-se, por isso, Watergate. Os invasores levavam consigo equipamentos para instalar dispositivos de escuta nos telefones dos líderes democratas. Quatro eram cubanos, ou membros da comunidade anticastrista exilada em Miami. Quatro tinham ligações com a Agência Central de Investigações, a CIA. O cabeça do grupo, funcionário aposentado do FBI e da CIA, exercia funções de coordenador de segurança no Comitê para a Reeleição do Presidente, e se relacionava com a Comissão Nacional Republicana. Descobriu-se, na conta bancária de um dos asseclas, dinheiro originário do comitê eleitoral de Nixon. O general Vernon Walters, muito ativo no Brasil nos idos de março de 1964, era, então, vice-diretor da CIA, e procurou influenciar o FBI no sentido de não levar adiante a apuração do caso, tentando vender a ideia de que a invasão da sede democrática fora praticada por cubanos anticastristas com a intenção de buscar ligações comprometedoras entre democratas extremistas e partidários de Fidel Castro.

Em setembro, um grande júri federal indiciou os cinco assaltantes e os dois assessores da Casa Branca que organizaram a invasão do Watergate. O diretor de informação pública do Departamento de Justiça assegurava, então, que nada mais havia a investigar.

Dois meses depois, Nixon e Agnew foram reeleitos, por maioria esmagadora, para mandatos que não chegariam ao fim. Como chefe do setor político da embaixada, acompanhei o pleito de perto. O candidato democrata, George McGovern, fez a campanha eleitoral mais idealista que se possa imaginar. Prometeu cortes radicais no orçamento da defesa, fim da guerra no Vietnã, anistia aos que tentaram escapar do serviço militar, seguro médico universal, emprego garantido e renda acima da linha de pobreza para cada americano. Só venceu em Massachusetts e no distrito de Columbia.

Mas já estava montado o cenário para desdobrar-se o que foi, na política interna americana, o drama do século. A renúncia ou o impedimento de Nixon se previam desde logo, sob impulsão da maioria democrata no Congresso. A situação se agravou progressivamente, até chegar ao paroxismo de 1974.

O embaixador Araújo Castro dizia a interlocutores americanos: "*There is a Ford in your future*", aludindo a um slogan publicitário e ao vice-presidente

Gerald Ford. Este havia sido escolhido por Nixon em substituição a Spiro Agnew, reeleito com ele mas afastado por denúncias de corrupção.

Nas manhãs frias de inverno em nosso bairro sem calçadas, tão calmo e silencioso com suas casinhas de tijolo e madeira, sebes separando terrenos, as silhuetas inquietas dos passarinhos vermelhos manchando os relvados que se estendiam até à rua, eu ia apanhar lá fora o *Washington Post*, atirado bem cedo, à soleira da nossa porta, por pequenos jornaleiros, meninos da vizinhança, a fim de me inteirar sobre o capítulo do dia da novela na qual dois jovens jornalistas enredavam, cada vez mais, o presidente e seus assessores, encerrando-os em um labirinto inextricável de mentiras e omissões. Soube-se, muitos anos depois, que ambos eram alimentados por informações recebidas do vice-diretor da CIA, ressentido por não ter sido elevado à chefia da Agência quando da demissão do chefe.

Amigos meus, colunistas de jornais e, sobretudo, correspondentes da televisão americana, me mantinham a par do que ia pelos bastidores, no verdadeiro desenrolar dos acontecimentos.

Responsável por informar o Itamaraty sobre o ocorrido em Washington, de grande influência para a política externa americana e brasileira, resolvi assistir ao grande comício que se reuniu bem defronte à Casa Branca. De todo o país convergia gente sobre a capital. À margem do Potomac, formou-se um grande acampamento improvisado, onde jovens pares palestravam e fumavam, tocando e cantando durante o dia, enlaçando-se ao anoitecer. A mocidade organizara vasto concerto de rock a fim de passarem a noite. Na véspera, fui sondar o ambiente com Cesário. Cabelos e barbas hirsutas, balangandãs e penduricalhos os mais variados, chapéus improváveis, saias máximas e mínimas, calçudos e descalços, guitarras e crianças a tiracolo, mulheres lindas e horrendas. Dos grupos compactos, emanava um odor estranho, adocicado. "É maconha, pai", alertou Cesário. Um rapaz, trepado no poste, balançava e gritava possesso lá de cima. "Aquilo é LSD", tornou Cesário, experiente.

Na escola, nossos filhos recebiam curso completo de prevenção contra o uso das drogas, outro mal agravado pela guerra criminosa do Vietnã, pois os recrutas, desorientados por uma luta armada desprovida de frentes fixas, conflito sem racionalidade ou moralidade que pudessem compreender, deprimidos ou aterrorizados com as perspectivas de matar e morrer do outro lado do mundo, em uma terra cujos filhos nunca haviam atacado a sua, se refugiavam nos entorpecentes e alucinógenos, e regressavam viciados, quando voltavam.

Tramonto

No dia seguinte, levei Bia. Disfarçamo-nos como convinha, no meu caso, a diplomata estrangeiro presenciando ato de contestação ao governo do país junto ao qual estava acreditado. Agentes dos serviços de informação fotografavam os presentes sem cessar. Vestimos blue jeans, camisas esportivas, penduramos signos de paz no pescoço, colocamos grandes óculos escuros.

Mas não prestamos maior atenção ao que se passava no palanque. Importante era a presença em si, a mole humana e fraterna em favor da paz. Não recordo o que ouvi, nem me esquece a visão que tivemos de um povo livre.

Em janeiro de 1973, firmou-se o acordo de Paris para o cessar-fogo no Vietnã, após o inferno de bombas a que os norte-vietnamitas tinham sido submetidos pelos americanos no Natal anterior em sua capital, Hanói.

Na Embaixada, reivindiquei fosse colocado um aparelho de televisão em minha sala, a fim de acompanhar as investigações senatoriais, que se desenvolviam perante a atenção devoradora de todo o país. Num pequeno gabinete ao lado, teletipos das principais agências noticiosas transcreviam de imediato os textos das principais declarações. Acompanhávamos a admirável lição de democracia e liberdade dada pela Comissão Warren no Senado, convocando e interrogando os suspeitos civis e militares naquele inquérito que se aprofundava, sem deixar pedra sobre pedra. Ocorria, sob minhas vistas, a reafirmação da independência do Judiciário e das prerrogativas do Congresso contra o abuso dos privilégios do Executivo. Testemunhei a subordinação do poder ao direito. Preservava-se a imprensa livre nos jornais, no rádio e na televisão.

No fim de julho, um auxiliar de Nixon revelou a existência de sistema clandestino para gravar as conversações presidenciais na Casa Branca, inclusive por telefone. Nixon recusou entregar as gravações, alegando privilégios executivos, e um deputado democrata apresentou a primeira resolução pedindo o impedimento do presidente. O implacável mecanismo constitucional começou a mover-se, e não mais se deteria.

Mesmo incompletas, e parcialmente apagadas por ordem de Nixon, as gravações acabariam por derrubá-lo do poder. A Suprema Corte decidiu pela obrigatoriedade da sua entrega expedita ao promotor especial e à Comissão de Justiça da Câmara, que deliberava sobre o *impeachment*. Os acontecimentos se precipitaram, e o presidente perdeu capacidade de os controlar ou influenciar em seu favor. No mesmo dia, a Comissão de Justiça dava início às audiências televisionadas, que concluíram por recomendar ao plenário o impedimento de Nixon pelos delitos de abuso dos poderes presidenciais e obstrução de justiça por negar-se a aceder às suas citações.

Em 5 de agosto, a Casa Branca divulgou três gravações que a Suprema Corte forçara Nixon a entregar. Em uma das conversas assim dadas a público, mantida seis dias após a invasão do Watergate, Nixon determinara ao seu chefe de gabinete que instruísse a CIA no sentido de obter do FBI a cessação das investigações do caso. Era, claramente exposto pelo próprio culpado, o delito da obstrução de justiça.

Desmoronou o pouco de credibilidade e apoio que ainda restava ao presidente americano no Congresso. Um clamor geral pedia que se evitasse à nação, tão dilacerada por anos de guerra e escândalos, o desgaste inútil do impedimento a ser votado na Câmara, seguido por julgamento e condenação pelo Senado, pois ninguém duvidava do resultado de ambas as votações, caso se concretizassem.

Enfim, a 8 de agosto de 1974, Nixon anunciou pela televisão, a um país sem liderança, traumatizado, exausto e aliviado, a renúncia que consumaria no dia seguinte.

Removido para o Brasil, eu regressara ao Rio quatro dias antes da sua queda, após ter vivido em Washington anos dramáticos na história dos Estados Unidos, com o fim da guerra no Vietnã, a abertura para a China e o Watergate.

Afonso Arinos se decidiu a escrever *Rodrigues Alves — Apogeu e declínio do presidencialismo* quando minha tia-avó Zaíra, filha do biografado, lhe ofertou o diário onde o presidente todas as noites, no palácio do Catete, anotava os eventos do governo. Finda a tarefa, e sendo Anah neta do conselheiro (os filhos assim se referiam formalmente ao pai, pois Rodrigues Alves fora conselheiro do Império), ela e Afonso doaram ao Instituto Histórico e Geográfico Brasileiro o diário e demais documentos que dele possuíam.

Na biografia, o autor, em nota de pé de página, transcreve trecho do diário no qual o presidente diz que o senador Antônio Azeredo, avô do embaixador Azeredo da Silveira, atacava a reforma do Lloyd Brasileiro porque a empresa não "se explicava com *A Tribuna*" (jornal de Azeredo).

Seria compreensível, e até razoável, o ressentimento de Silveira contra Afonso, que lhe apontava o avô a querer propina. Mas não o rancor inexpiável que, desde então, ele me votou. E Silveira fora convidado pelo general Ernesto Geisel, sucessor do general Emílio Médici, para ser seu ministro das Relações Exteriores.

No Brasil, o ministro não quis que eu servisse na capital. Designou-me, em 1975, para cursar a Escola Superior de Guerra no Rio de Janeiro, onde o Itamaraty sempre mantém alguns estagiários. O curso doutrinário era tedioso, com obsessão na segurança nacional. Segurança das praças-fortes, da desconfiança, do medo, da paranoia, que implicava a insegurança institucional. Mesmo assim, pude ali afirmar, em um trabalho sobre a federação, que o Brasil se excluíra da condição de Estado de direito, por haver isentado de apreciação judicial todas as ações decorrentes do Ato Institucional nº 5. Mas as viagens organizadas pela Escola me proporcionaram contatos muito úteis com as realidades brasileira e internacional. Percorri o Brasil de Roraima ao Rio Grande do Sul, do Nordeste a Rondônia, e boa parte do nosso continente, abrangendo todas as nações contidas no arco que vai da Guiana à Bolívia, com escala técnica no Chile.

Nesse ano, Silveira nomeou-me, sem me consultar, embaixador em Kinshasa, no Congo, embora sabendo que, lá, Beatriz não poderia receber os cuidados médicos dos quais necessitava, nem meus cinco filhos teriam condições para prosseguir seus estudos. Era a carreira ou a família. Pela primeira e última vez, declinei designação para exercer função diplomática. Disse que não ia. Cometi falta disciplinar, mas sem maiores consequências. Como oficial do Gabinete Civil do presidente Café Filho, eu convivera com o coronel Ernesto Geisel, então subchefe do Gabinete Militar. E o presidente Geisel me enviou para o Consulado-Geral no Porto, que estava vago.

Em 1976, publiquei meu primeiro livro, *Primo canto*, com posfácio de Carlos Castello Branco. Eram memórias, desde o nascimento até o abandono da política e o reingresso na carreira diplomática, como cônsul em Genebra. Inspirou-me o título definição encontrada em um vocabulário da língua italiana: *Galletto di primo canto, alle prime imprese d'amore*.

Nas vésperas de embarcar para Portugal, encontrei Carlos Lacerda em missa do Natal celebrada na capela da residência dos meus tios Nabuco. Seria a data do nascimento do Príncipe da Paz? Ou o local onde, no auge da nossa desavença mais séria, ele passara longo tempo velando o corpo do meu filho primogênito? Pois há muito não se dirigia a mim de forma tão afetuosa, com a amizade jovial dos velhos tempos. Trazia o braço numa tipoia, quase imprensado, na véspera, entre um ônibus e um caminhão. Interessei-me pela sua saúde com sinceridade, conversamos sobre o Brasil e Portugal, despedimo-nos amistosamente. Para sempre.

A residência do cônsul-geral do Brasil no Porto situa-se em um belo chalé com três andares e porão, como o chalé de madeira que alugáramos na Suíça, e vasto parque, quase o dobro do grande jardim de Genebra, plantado de pinheiros, eucaliptos, sobreiros, tílias e araucárias, com rouxinóis a cantar nas ramadas e pegas saltitando nos gramados. Nas estações amenas, o jardim se enchia de dálias e hortênsias, enquanto as rosas se enroscavam pelas grades de escadaria que conduz ao andar nobre. Com as couves e batatas da horta, Bia mandava fazer um ótimo caldo verde. Em fins do século XIX, a propriedade era uma quinta entre o Porto e o então balneário da Foz do Douro. Pertenceu a Adriano Ramalho, português solteirão enriquecido no Brasil. Ao morrer, o proprietário legou a Vila Adriano ao governo brasileiro para ser residência do nosso cônsul na cidade, sob a condição tocante de, como ia falecer sem herdeiros, caber ao nosso consulado cuidar da sua sepultura no cemitério local.

Veio ver-me na chancelaria o primo Márcio Moreira Alves, exilado em Portugal, cuja fala de brincadeira no "pinga-fogo" da Câmara dos Deputados, sem qualquer importância política, fora pretexto para os militares ditos "revolucionários" darem o golpe de Estado do Ato Institucional nº 5. E percebi haver, no Consulado ou na rua, quem o vigiasse no Porto, pois era embaixador do Brasil em Lisboa o general Carlos Alberto da Fontoura, antigo chefe do Serviço Nacional de Informações (que, como sobrinho de João Neves da Fontoura, velho amigo da nossa família, foi sempre muito gentil e simpático com Beatriz e comigo). O embaixador logo me deu a entender que estava informado da visita de Marcito.

Já entre os portugueses de Lisboa ou do Porto autores da revolução antifascista, minha situação permaneceu a melhor possível. Em 1961, o primeiro-ministro Mário Soares, então jovem advogado antissalazarista, fora um dos quatro representantes da oposição recebidos em Lisboa pelo chanceler Afonso Arinos, quando este se desincumbia da difícil missão de comunicar ao ditador português que o Brasil se dissociava da sua política colonial. Quando Afonso faleceu, Mário Soares me enviou longo telegrama, deplorando a perda do amigo, solidário em fase difícil para ele e para Portugal. No Porto, o governador-civil e o presidente da Câmara Municipal (prefeito) eram socialistas, seus correligionários. O próprio embaixador Fontoura, ao pedir-me informações para análise da conjuntura política de Portugal, me disse, com franqueza, ter dificuldade para se comunicar com os membros do Partido Socialista que participavam do governo em Lisboa.

Após Afonso Arinos informar a Salazar, em 1961, que nos dissociávamos da sua política colonialista na África, o ditador português, depois de longa e infrutífera entrevista mantida com o chanceler brasileiro, confidenciou a Adriano Moreira, o único dos seus ministros com quem Afonso encontrara condições para dialogar: "O Brasil precisa mesmo é ser governado do Terreiro do Paço."

O bispo do Porto, D. António Ferreira Gomes, me disse que ouvira do cardeal Cerejeira a respeito de Salazar: "Nunca espere desse homem um gesto de generosidade."

Um poeta e fadista meu amigo, ligado a firma fabricante de vinhos do Porto, cuja sede Bia e eu frequentávamos em Vila Nova de Gaia, na outra margem do Douro, para degustar excelentes bacalhoadas, se lembrou um dia do poema "História de vinho do Porto", de Carlos Drummond de Andrade. Pediu-me então que transmitisse ao poeta convite para visitar Portugal, percorrendo o país e recebendo homenagens, em troca de algumas palestras. Drummond recebeu-o divertido, inclusive porque eu o concitava a sair da toca onde se mantinha como um tatu, e contou-me ter sido assediado, havia pouco, por um americano que lhe batia na janela, pedindo ao *polar bear* que aparecesse. Carlos sentia-se mais tatu do que urso-polar. Mas declinou o convite.

Foi tudo por causa do realce incomum com que eu quis comemorar a data da independência do Brasil, pois chegara a ser festejada no Porto em 15 de novembro, e não a 7 de setembro, por cônsules receosos de suscetibilizar os melindres da ex-metrópole.

A celebração da nossa data nacional marcou época em 1977. Também resolvi fazer isso para compensar a tragédia ocorrida no ano precedente, quando meu antecessor no posto se matou com um tiro no peito, na manhã do dia 7 de setembro. A explicação inevitável do consulado foi que ele morrera do coração.

A Câmara Municipal e a principal fundação cultural da cidade, dirigidas por amigos meus, agiram com enorme generosidade ao preparar a Vila Adriano para a festa. Montaram o palco com toldos, deram panos para cercá-lo, iluminaram o jardim, forneceram plantas ornamentais, cederam cadeiras. O Itamaraty pagou quase todo o serviço de bufê e a instalação sonora. Os convidados eram cerca de trezentos, incluindo o legendário bispo do Porto — que enfrentou Salazar e depois os comunistas —, o governador civil, o general comandante da Região Norte, o corpo consular, jogadores brasileiros de futebol. As bebidas ficaram por minha conta, vinho do Porto e uísque escocês jorraram a rodo. Bia, *cordon bleu* em culinária e decoradora exímia, cozinhou o presunto e distribuiu várias mesas retangulares para o bufê, enfeitando-lhes os pés com fitas verdes e amarelas enlaçadas, e coroando-as com guirlandas amarelas. A nossa bandeira, iluminada por holofotes, dominava o *théatre de verdure*, onde um grupo de talentosos amadores portugueses encenou *A pena e a lei*, de Ariano Suassuna.

Enfim, dançou-se até de roda.

Pouco antes, me havia chegado às mãos uma exposição fotográfica intitulada "O mundo de Guimarães Rosa". Eu soubera, pelo próprio Rosa, que a qualidade de um artigo publicado pelo crítico literário português Oscar Lopes sobre a sua coletânea de contos *Sagarana* o tinha impressionado de tal forma que ele pediu permissão ao autor do texto para utilizá-lo como prefácio a partir da oitava edição do livro, o que foi feito. Por isso, pensei em convidar o escritor luso a proferir palestra na inauguração da mostra.

Oscar Lopes regressara, havia pouco, do Rio de Janeiro, onde presidiu a comissão encarregada de receber monografias e comunicações sobre a linguística de Guimarães Rosa. Era autor, com José Antônio Saraiva, da *História da literatura portuguesa* utilizada nos liceus de Portugal desde a época de Salazar. Faria uma conferência estritamente literária versando a obra do grande romancista brasileiro. Porém Oscar adoeceu, e falei de improviso em seu lugar, tendo como pano de fundo a exposição sobre Rosa, o homem, o escritor e o diplomata, que eu conhecera bem.

Mas eu não sabia que Oscar Lopes era membro do Comitê Central do Partido Comunista Português.

Nos dias seguintes, fui surpreendido com críticas de rara violência, sobretudo por visarem um diplomata estrangeiro, vindas de três semanários a serviço da extrema direita salazarista, e sendo seus autores conhecidos porta-vozes de grupos econômico-financeiros deslocados do poder e afugentados de Portugal após a revolução antifascista. Evitei dar-lhes qualquer resposta, para não me envolver em polêmica sobre a política interna do país onde estava acreditado, pecado mortal para um diplomata que se preze. Defenderam-me, contudo, grandes figuras da imprensa portuguesa, como o ilustre socialista Raul Rego, diretor de *A Luta*, deputado à Assembleia da República, presidente da Assembleia Municipal de Lisboa, forjado no combate a fascistas e aos comunistas, que, em 1975, lhe tomaram *A República*, por ele então editada; António Alçada Batista, generoso humanista liberal, diretor de *O Dia*; e Francisco de Souza Tavares, diretor d'*A Capital*, marido de Sophia Melo Breyner Andresen, maior poetisa portuguesa, mãe do romancista Miguel de Sousa Tavares, escritor de muito sucesso, e irmã do meu velho amigo embaixador Tomás Andresen. Tomás serviu comigo em Roma nos anos 50 e voltaria a servir nos 80, sendo, nesse meio-tempo, marginalizado pelo Ministério dos Negócios Estrangeiros de Portugal por se opor à política colonial do seu país nas Nações Unidas.

Um colega e amigo meu, diplomata que trabalhava no gabinete de Silveira, contou-me, anos depois, que o ministro "deitou e rolou" ao se inteirar dos ataques desfechados contra mim.

A telenovela *Gabriela*, adaptada do romance de Jorge Amado e retransmitida pela televisão portuguesa, abriu a primeira brecha incolmatável de influência brasileira na muralha dos particularismos lusitanos. Foi demonstração avassaladora de invasão pelos grandes meios de comunicação. Sua transmissão parou praticamente o Porto. Mudavam-se os horários das recepções, dos compromissos, dos leilões, para não se deixar de assisti-la. As elegantes da cidade dirigiam-se umas às outras imitando o sotaque baiano dos atores, vestiam-se e se penteavam como as atrizes, não sem pretender ironizar, mas traindo, com sua atitude, uma inclinação irresistível. Querelas lítero-ideológicas entre escritores ou pseudointelectuais provincianos se engajaram, nos periódicos locais, como se fossem travadas pelos coronéis de Ilhéus. Em Lisboa, a Assembleia da República não obtinha quorum para as sessões noturnas cujo horário coincidia com o da novela. Colunistas e caricaturistas políticos comparavam figurões da cena partidária local com os personagens a cujas peripécias assistiam diariamente na televisão. Nas longas noites quentes do verão algarvio, os veranistas, ao saírem de suas casas praianas para espairecer pelas ruas desertas das povoações enluaradas, viam, das janelas abertas para acolher a brisa fresca, o reflexo da claridade das televisões abertas, e ouviam a cadência já familiar dos diálogos de *Gabriela*.

Quando Jorge Amado e Zélia se hospedaram conosco, os colegas de nossos filhos no Liceu tentavam vislumbrar o escritor famoso, ainda que de passagem. *Gabriela* era, então, o espetáculo e o assunto da cidade.

Fomos com eles à Correlhã, em Ponte de Lima, visitar Bruno Giorgi na sua bela quinta de pedra.

Jorge, que voltaria no fim da semana seguinte, telefonou-me de Viana do Castelo para nos dar a triste notícia da morte do querido Odylo Costa. Um filho de Odylo era casado com a filha de Jorge, e a outro filho Odylo dera o nome de Virgílio, o meu tio que lhe abriu as portas do meio político no Rio de Janeiro. Afonso, preocupado com a cardiopatia do amigo, me avisava do Rio, fazendo suas distinções costumeiras: "Odylo se trata, mas não se cuida."

Fátima decepcionou-me quando a visitei pela primeira vez. A grande e clara esplanada vazia, no fundo a igreja sem graça arquitetônica, a capelinha tosca, a árvore que não era mais a mesma sobre a qual a Virgem teria aparecido aos pastorinhos.

Por essa época, um amigo oposicionista português, desanimado, revelou-me que suspeitava conhecer o segredo de Fátima: o Tio (Salazar) era imortal.

Quase duas décadas depois, voltei com Bia e Afrânio, para que ela pudesse pagar promessa feita a fim de que a criança nascesse bem, pois seu médico na Suíça a julgara incapaz de levar a gravidez a bom termo, tantos haviam sido os traumas físicos sofridos, e desejara fazê-la abortar.

Então, eu já sabia que Fátima são os romeiros, não o lugar. Pode-se pensar qualquer coisa das aparições, pois Jesus disse que estaria presente onde duas pessoas se reunissem em seu nome. Também Maria lá se encontra, no centro daquela teia movediça de peregrinos que para ela se encaminha através dos campos, dos outeiros, dos bosques, das areias, das águas, das estradas, ruas e praças de Portugal.

O conclave para a sucessão de Paulo VI ocasionou a escolha do terceiro cardeal-patriarca de Veneza no século XX, após Pio X e João XXIII: Albino Luciani, o "papa sorriso" João Paulo I, assim autointitulado em homenagem aos dois predecessores e que faleceria um mês após eleito.

Ele foi sucedido pelo polonês Karol Wojtyla, cardeal-arcebispo de Cracóvia, que, por sua vez, se chamou João Paulo II para honrar o antecessor. Único papa eslavo, até hoje, na história da Igreja Católica, e o primeiro não italiano desde o holandês Adriano VI, no século XVI. Afonso Arinos, que viera ver-nos em Portugal, e lá se encontrava quando da eleição de Wojtyla, admirou-se do quanto a Igreja se transformara desde o Concílio Vaticano II.

Beatriz apresentou no Porto, em princípios de 1979, bonita exposição de cerâmica. Vendeu todas as peças expostas. Estava presente o governador civil, que adquiriu um trabalho dela para o governo, e Bia doou-lhe outro. Bruno Giorgi veio da quinta que comprara havia pouco na Correlhã, em Ponte de Lima, para estar com Bia e apreciar as obras expostas. O grande escultor paulista tinha adquirido a quinta por causa da tarifa alfandegária imposta, no Brasil, ao mármore de Carrara, que lhe tornaria proibitivo o preço das suas esculturas. Em Portugal, podia importá-lo da Itália a custo razoável. Mais tarde, presenteou Bia com um belo torso feminino esculpido em mármore do Alentejo.

Uma revista portuguesa publicou extensa matéria sobre Beatriz, com boas fotos coloridas da formosa modelo inspiradora da reportagem.

Anos depois, almoçávamos com Bruno em sua residência no Rio quando ele foi buscar e me entregou um grande embrulho, muito pesado, explicando em seguida, com o seu sotaque italiano: "O Lacerda me encomendou para a rua que tem o nome do seu avô, mas não me pagou. Então não dei para ele, dou pra você." Era um busto em gesso do meu avô, que fiz passar para o bronze, e doei mais tarde à Prefeitura do Rio de Janeiro. Está na avenida Afrânio de Melo Franco, no Leblon.

Meus pais nos visitaram por duas vezes em Portugal. Numa delas, levei Afonso, de surpresa, até à praia da Boa Nova, onde foram inscritos num penhasco os versos com que a celebrara o seu caro António Nobre. Encantado, ele começou a recitar para nós o soneto que sabia de cor:

> "Na praia lá da Boa Nova, um dia,
> Edifiquei (foi esse o grande mal)
> Alto castelo, o que é a fantasia,
> Todo de lápis-lazuli e coral!"

Minha mãe, cujos ancestrais Pereira se aparentavam aos condes de Vila Real, comoveu-se com a latada humilde, a antiga e modesta igreja românica da Correlhã, no Concelho de Ponte de Lima, onde nasceu e foi batizado seu bisavô português Domingos Rodrigues Alves, que ela ainda conheceu velhinho, vivendo em Guaratinguetá.

Com Afonso e Anah, fomos até Santiago de Compostela, berço da família materna de Bia. A caminho de Santiago, meus pais, Beatriz e eu dormimos em Monção, numa pousada dos Moscoso, parentes distantes de Bia, cuja família viera da Galícia para o Minho, e de lá para o Rio.

Em passeio anterior que fizéramos à linda cidade galega, Beatriz sentiu-se confortada ao visitar o grande palácio da Brejoeira, construído por Luís Pereira Velho de Moscoso no norte de Portugal. Reconhecia o brasão familiar com três cabeças de lobo, esculpido nas antigas pedras de Monção e Valença do Minho, e gravado, na Espanha, na fachada da Igreja de San Agustín, em Santiago. Reverenciou os túmulos de dois bispos Moscoso que viveram durante a Idade Média, Afonso e Rodrigo, este sepultado embaixo do magnífico pórtico da Glória, na Obradoiro, fachada estupenda da catedral. A Plaza Mayor fronteira pode-se equiparar às mais belas cenografias arquitetônicas do mundo, como a Praça de São Marcos em Veneza, a Grande Place de Bruxelas, o Capitólio de Roma, a Praça dos Três Poderes em Brasília.

O avô de Beatriz, Tobias Moscoso, diretor da Escola Politécnica no Rio de Janeiro, morreu em 1928 (ano do nascimento de Bia em sua casa), no avião onde outros importantes intelectuais da época, como Laboriau e Amoroso Costa, amigos de Santos Dumont, haviam embarcado para sobrevoar o navio no qual o eminente brasileiro adentrava a baía de Guanabara. O avião caiu na enseada de Botafogo. Tobias, quando retirado das águas, ainda trazia no colo as flores que tencionara lançar sobre o navio. Sylvia, filha de Tobias e mãe de Beatriz, foi uma das mulheres mais belas do Rio de Janeiro. Bonita, generosa e indiferente aos proveitos materiais que sua beleza poderia tentá-la a aspirar. Bia era conhecida no colégio como "a filha da Greta Garbo", em homenagem à formosura materna.

Na pousada, seu proprietário informou-me que Carlos Lacerda falecera. Transmiti a notícia a Anah, recomendando-lhe que não a desse a Afonso naquele dia, para não perturbar o sono do marido com recordações do homem cuja ação tanto influíra sobre nossas vidas, o Rio de Janeiro e o Brasil.

Por causa dos seus ataques desbragados a posições políticas sustentadas por Afonso Arinos, rompemos por duas vezes, com violência. Na primeira voaram doestos através de cartas e telegramas. Na segunda, vitupérios televisionados e inventivas tribunícias chegaram às manchetes e primeiras páginas dos jornais.

Mas não devo esquecer quem se lembrou de mim no exterior e me convidou a lançar-me nas águas turvas da política militante e partidária. Fui deputado constituinte na Assembleia Legislativa da Guanabara pelas suas mãos, pelas de meu pai e de Jânio Quadros. Na esteira da oposição feroz feita por Carlos à política sem alinhamentos automáticos praticada por Afonso no Itamaraty, afastei-me da UDN, ingressei no pequeno PDC, não obtive votos suficientes a fim de me eleger para a Câmara dos Deputados, viajei ao exterior, veio o golpe de Estado de 1964, voltei deputado federal, tornei a combater Lacerda na disputa estadual pela sua sucessão.

Durante vinte anos, de 1945 a 1964, desde a entrevista que lhe concedeu José Américo de Almeida derrubando a censura à imprensa do Estado Novo até à prorrogação do mandato do general Castelo Branco e consequente derrocada das suas aspirações presidenciais, ninguém teve tanta, e tão continuada, influência no destino político do Brasil quanto Carlos Lacerda. Matou Getúlio? Derrubou Café? Enxotou Jânio? Entronizou os militares? Cassou Juscelino? Como julgará a História a eloquência esplendorosa, a tempestade desencadeada, a sua justiça, a sua injustiça?

Carlos fez muito bem e muito mal. Porém, na vida pública brasileira, lutou mais do que todos. Foi um guerreiro.

O sapo-boi morrera. Deixando, com as honrosas exceções de praxe, as rãs coaxando no poço sem fundo da mediocridade política nacional.

* * *

Tramonto

Enquanto nossa embaixada em Lisboa devia defrontar-se com o problema de representar uma ditadura militar junto ao governo emanado da revolução contra a ditadura fascista de Salazar, minhas atribuições consulares no Porto, que não tinham qualquer conotação política, nos permitiram, a Bia e a mim, relacionar-nos, de forma às vezes muito próxima, com alguns dos maiores nomes da arte portuguesa naquela época. Assim nos tornamos amigos de Augustina Bessa-Luís (romancista), António Alçada Batista (escritor), David Mourão Ferreira e Eugênio de Andrade (poetas), Júlio Resende (pintor), José Rodrigues (escultor, desenhista e gravador), Raul Solnado (ator, humorista na televisão, com grande sucesso em Portugal e no Brasil, admirador de Afonso Arinos, a quem veio visitar em nossa casa).

Bia sentia-se realizada no Porto, com o grande sucesso da sua exposição, feliz no convívio dos artistas amigos. E o presidente João Figueiredo me promoveu a embaixador. Para isso, muito contribuíram o nosso caro Guilherme Figueiredo, teatrólogo, irmão do presidente, e Afonso Arinos, sempre preocupado e, às vezes, ocupado com a minha situação funcional.

Removido para a Bolívia, nossa ida viu-se retardada pelo golpe de Todos os Santos, assim chamado porque o coronel Natusch Busch o desencadeou em 1º de novembro de 1979, depondo o presidente Walter Guevara Arce quando se encerrava na Bolívia a 9ª Assembleia Geral da Organização dos Estados Americanos. Houve confrontações sangrentas com centenas de mortos, bombardeio aéreo de La Paz, porém o coronel Natusch não conseguiu estender o golpe além da cidade-sede do governo. Após longas e tensas negociações, assumiu o poder executivo Lydia Gueiler, presidente da Câmara dos Deputados. Só então, diante da situação de fato consumado, o governo brasileiro reconheceu o boliviano.

Tanto Guevara, presidente do Senado, como Lydia haviam sido eleitos inconstitucionalmente para a Presidência da República. Era tudo uma clara antevisão do que iríamos viver durante os anos seguintes. Foram tantas e tão extraordinárias as peripécias ocorridas na Bolívia, e conosco enquanto lá estivemos, que narrá-las aqui equivaleria a escrever um diário de guerra. Só assinalarei os eventos essenciais para a compreensão daquela interminável crise histórica, política, social e econômica.

Mas La Paz, justamente pelas suas dificuldades (porque, lá, eu só dependia de mim mesmo), foi o posto mais difícil e, por isso mesmo, o mais atraente da minha carreira diplomática. Pude ver de perto a injustiça profunda do colonialismo branco oprimindo e sacrificando os indígenas, a discriminação racial, social, econômica e política da aliança dos militares com os narcotraficantes em substituição à hegemonia dos barões do estanho.

Os olhos de Bia enchiam-se de lágrimas, emocionada com o espetáculo maravilhoso que contemplava da cabine do piloto, ao ver surgir a imensa mole nevada do Ilimani, com três picos sucessivos entrecortados por pequenos lagos azuis, aparecendo La Paz no fundo do socavão aberto no altiplano, enquanto ao longe se divisava o espelho d'água do grande lago Titicaca.

A Embaixada do Brasil, toda em pedra, no estilo das casas de campo inglesas, foi construída pelo milionário Carlos Victor Aramayo, um dos três donos das minas de estanho, com quem eu tinha laço familiar longínquo, pois Eduardo Callado, meu tio-trisavô, primeiro ministro plenipotenciário do Brasil em Assunção depois da Guerra do Paraguai, era casado com Henriqueta Zeballos Aramayo. Afonso chegou a conhecer a tia Henriqueta, "velhinha muito bem-educada" na sua opinião.

Em abril de 1952, explodira o levante do Movimento Nacionalista Revolucionário, encabeçado, em La Paz, por Hernán Siles Zuazo. Aramayo fugiu para a Argentina, e nunca mais regressou à Bolívia, deixando a casa decorada com grande riqueza e bom gosto. Tinha uma bomba de oxigênio em cada quarto, por causa dos 3.650 metros de altitude. O Itamaraty alugou-a por vinte anos como sede da Embaixada, e a adquiriu a seguir. Consideravam-na a melhor residência de La Paz, e o general Hugo Banzer, quando ditador-presidente, quis muito comprá-la para o seu governo. O terreno desce em patamares até o rio que corre embaixo. O Ilimani coberto de neve é visto dos fundos do jardim. Um dia, o filhote de condor pousou numa das árvores.

Apresentei minhas primeiras cartas credenciais a Lydia Gueiler em 7 de março de 1980. Bia, acompanhada por Sílvia e Afonso, assistiu à cerimônia junto ao povo reunido na praça, defronte ao Palácio Quemado, chorando quando apareci diante das bandeiras e se ouviram os hinos nacionais dos dois países. Pensava nos sacrifícios enfrentados até chegarmos a esse momento, e nos riscos que passaríamos a correr, pois um colega brasileiro, embaixador na Colômbia, fora sequestrado fazia pouco tempo.

Tramonto

A presidenta (como me disse desejar ser chamada) se mantivera formal, e mesmo tensa no início da entrevista, mas descontraiu-se visivelmente quando lhe afirmei que o Brasil não tinha lições a dar aos vizinhos e amigos, pois, de nossa parte, tomáramos firme opção pela democracia (vivíamos a época da lenta reabertura democrática no governo Figueiredo). A partir de então, e ao encerrarmos o encontro, Lydia sorria muito, demonstrando a mais franca cordialidade. Dera-me a impressão de se sentir insegura, e, a seguir, aliviada, ao perceber que o Brasil não estava entre os seus algozes, o que, infelizmente, já ocorrera várias vezes na história das relações entre os dois países.

Ouvíamos bombas explodindo em La Paz todas as noites. Monsenhor Alfio Rapisarda, núncio apostólico (depois o seria no Brasil) e, como tal, decano do corpo diplomático, quis reunir um embaixador por continente nas situações de emergência, pois não teria tempo para convocar todos os chefes de missão. Dentre aqueles, indicou-me para representar a América do Sul em questões envolvendo direitos humanos e a proteção dos diplomatas estrangeiros, dado o ambiente de extrema insegurança e incerteza que vivia a Bolívia.

Nesse ínterim, soubemos que nosso filho Caio sofrera grave acidente automobilístico no Rio de Janeiro, ocasionado por um amigo irresponsável. Este, dirigindo na contramão, teve seu carro abalroado por um ônibus na avenida Niemeyer. Uma jovem, a quem haviam oferecido condução, faleceu no local. Caio chegou a ser ameaçado de amputação, mas teve o braço salvo após cirurgia de várias horas. Beatriz seguiu logo para o Rio.

Disputava-se, na Bolívia, eleição para a Presidência da República, sendo os principais candidatos Hernán Siles Zuazo, Victor Paz Estensoro, Hugo Banzer Suarez e Marcelo Quiroga Santa Cruz. Seus antecedentes eram diversos. Paz Estensoro e Siles Zuazo foram os principais chefes da revolução nacionalista de 1952. Antes disso, comprava-se uma fazenda, e os índios camponeses, verdadeiros servos da gleba, vinham juntos com a terra. Estensoro e Siles já haviam presidido a Bolívia. Banzer tinha sido ditador militar, apoiado pelo Brasil. Quiroga era um político socialista.

Em 17 de julho de 1980, de manhã cedo, fui informado do novo e esperado golpe de Estado que se praticava, sob a clara chefia do comandante do Exército, general Luis García Meza. Uniam-se naquele momento, na cúpula do Poder Executivo da Bolívia, as forças armadas corrompidas com o narcotráfico corruptor.

Sílvia estava no pátio da Faculdade de Medicina quando viu apontarem na esquina ambulâncias brancas com a cruz vermelha desenhada na carroceria, e ouviu estampidos "como se fossem bombinhas de São João". "Abaixe-se, Sílvia", gritou um dos colegas. As rajadas de metralhadora passaram sobre a cabeça dos jovens, estilhaçando a parede de vidro da faculdade. Sílvia, felizmente, regressou a casa sã e salva, dizendo-me com os olhos arregalados: "Papai, eu nunca pensei que política fosse uma coisa tão perigosa!"

Os combatentes contra estudantes desarmados, inclusive meninas, eram paramilitares subordinados ao coronel Luis Arce Gómez, acusado publicamente antes do golpe como organizador de atentados terroristas, contrabandista, torturador e assassino. Luis Arce seria ministro do Interior e Justiça de García Meza.

Nessa ocasião, tirei o repórter Alessandro Porro da boca do lobo. Ele subira a El Alto, onde fica o aeroporto, para cobrir combates que lá estariam sendo travados, e foi detido. Levaram-no ao quartel-general dos golpistas, onde me contou haver passado junto a uma sala de tortura. Mas, identificado como jornalista estrangeiro, o libertaram, embora com o aviso de que, fora de portas do quartel, não assumiriam qualquer responsabilidade pelo seu destino. Porro chegou à embaixada são e salvo, porém com a boca seca e a barba, normalmente impecável, em desalinho. Logrei pô-lo no primeiro avião disponível rumo ao Brasil.

O general ditador queria alcançar três desafetos, Siles Zuazo, Walter Guevara e Marcelo Quiroga. Este último foi apanhado em reunião na Central Operária Boliviana (COB) e morto, por uma rajada de metralhadora, pelas costas. Guevara asilou-se na embaixada da Venezuela, e dei asilo a seu filho Walter. Quanto a Hernán Siles, conseguiu refugiar-se na embaixada da França, e de lá escapou para o Peru, onde iria organizar a resistência à ditadura militar. Asilei a esposa e a filha de Siles, refugiadas, em um primeiro momento, na embaixada da Espanha, que, como a da França, não era signatária de nenhuma convenção de asilo, para poder reivindicá-lo ao governo da Bolívia.

A fim de resolver se os pedidos de refúgio configuravam casos de asilo, eu dispunha de minutos para decidir sobre a liberdade, a integridade física ou mesmo a vida de uma pessoa. As comunicações telefônicas e telegráficas com

Brasília estavam cortadas, a companhia aérea brasileira suspendera seus voos para La Paz. No Brasil, vivíamos o fim de uma longa ditadura. Nem era de esperar que os militares brasileiros tomassem posição contra seus colegas bolivianos. Mas o Itamaraty concedeu-me carta branca para agir como melhor entendesse. Não obtendo resultado favorável, a responsabilidade seria minha. Isso me bastava.

No caso de Teresa de Siles e sua filha Isabel, abrigadas pelo meu amigo embaixador espanhol, que morava na nossa rua, ele entrou na Embaixada do Brasil para visitar-me em sua Mercedes preta com motorista, tendo as vidraças do carro fechadas. Acompanhava-o a embaixatriz, enchapelada, com o rosto pouco visível por causa do véu negro. Passaram pelos dois soldados colocados na guarita defronte à residência, menos para me proteger do que a fim de vigiar a casa e quem nela entrasse. Os guardas não ousaram abordar o embaixador e sua esposa, que era, na verdade, a senhora Siles. Pouco depois, minha filha foi à Embaixada da Espanha, e de lá veio acompanhada por uma meia dúzia de meninas, brincando na calçada em alegre revoada, para ingressarem na Embaixada do Brasil. Das que haviam entrado, saiu uma a menos, Isabelita. Assim, pude evitar que, através da esposa e filha presas, os marginais fardados forçassem Siles a entregar-se.

Combinei com o primo Afrânio Nabuco, diretor da TV Globo em Brasília, que eu só comunicaria ao governo boliviano a notícia do asilo que dera à esposa e à filha do presidente eleito e impedido de assumir, depois de ser divulgada, com o maior destaque, pelo *Jornal Nacional*. Dessa forma, as duas, bem como a nossa Embaixada desarmada, estariam a salvo de qualquer retaliação. Os golpistas temiam o Brasil.

Além do filho de Guevara, da esposa e da filha de Siles, asilei, nos primeiros dias após o golpe de Estado, o gerente-geral da Corporação Mineira da Bolívia e o senador ministro de Assuntos Camponeses. Por todo o tempo em que permaneceram na Embaixada do Brasil, tratei os asilados como hóspedes. Só os instruía, em obediência à Convenção de Asilo Diplomático, minha conhecida desde a Conferência Interamericana de Caracas, onde trabalhei na Comissão que a preparou, para não manterem qualquer contato político com o exterior, e fui rigorosamente obedecido. Tomávamos juntos as refeições, recebiam familiares à vontade. Começaram a aparecer sobrinhas do senador, cada qual mais bonita que a outra. Teresa sorria, compreensiva: *"Quantas sobrinhas, senador!"*

Os salvo-condutos que os golpistas concederam aos três primeiros asilados consideravam-nos expulsos como "delinquentes políticos". Já Teresa e Isabel o seriam por "intromissão política". Brinquei com elas por serem "intrometidas". Mas antes, Bia e eu comemoramos nossas bodas de prata entre ambas, com meus colaboradores diplomáticos na Embaixada, suas jovens esposas, e também os adidos militares.

A casa de Hernán Siles foi invadida e saqueada várias vezes. Teresa e Isabel entraram em nossa Embaixada com a roupa do corpo. Até os talões de cheques lhes haviam sido subtraídos. Assim, não teriam, ao chegarem, como morar e manter-se no Brasil. Pedi a meus pais que as hospedassem em sua casa do Rio de Janeiro, e o fizeram. E aos meus três adidos, que me acompanhassem fardados até elas embarcarem, para evitar algum ataque "espontâneo" ao nosso carro, desde La Paz por toda a subida até El Alto, onde fica o aeroporto. Instruí o ministro-conselheiro para acompanhá-las até o Rio, e ao cônsul-geral em Santa Cruz de la Sierra a fim de que permanecesse com as duas dentro do avião durante todo o tempo do pouso. Recomendei, também, ao piloto recusar, em Santa Cruz, o ingresso a bordo de qualquer estranho que não fosse passageiro.

Quando os três primeiros asilados, acompanhados por mim, ingressaram na aeronave da Cruzeiro do Sul que partia para o Brasil, dois agentes os perseguiram com o intuito de subtrair-lhes a bagagem manual. Barrei-os abrindo os braços na escada do avião, e lhes disse que dali não passariam. Eles não podiam entrar, armados e sem serem passageiros, em um avião que não era do seu país. Após um instante de hesitação, retrocederam rapidamente. Asilei, em seguida, o gerente-geral da televisão boliviana, o candidato a vice-presidente da República na chapa de Walter Guevara e o subsecretário do Comércio no Ministério da Indústria, Comércio e Turismo de Lydia Gueiler.

Mais tarde, concederia asilo ao general de divisão, chefe de um motim dos cadetes do Colégio Militar, que ele então comandava, e a três cadetes rebelados, um dos quais era seu filho.

Bia me telefonou do Rio, onde se encontrava prestando assistência ao nosso filho Caio, ferido com gravidade no acidente de automóvel. Cuidadosa, perguntou se eu já lera os jornais brasileiros do dia e, ante minha negativa, deu-me a notícia da morte de Vinicius de Moraes. Lembranças do nosso convívio tão próximo nos anos cinquenta me assomaram aos borbotões. Os dias no trabalho diplomático, as noites na boêmia, os amigos, as amigas, a mão aberta de Vinicius se lhe pagavam os shows ou a pobreza franciscana quando a ditadura militar o demitiu do Itamaraty. Uma excursão a São Paulo com Lila e Antônio Maria, o carro voando contra a aurora que despontava. Juntos novamente em Paris, no fim de mais um grande amor de Vinicius, dedicado a Lila Bôscoli, começo de outro com Lúcia Proença. O reencontro final, Vinicius cantando com Miúcha e Tom Jobim. De novo as madrugadas do Rio, o poeta entre mulheres em flor. Vi-o pela última vez a subir com dificuldade uma escada na Gávea, amparado por um par de anjos portenhos.

No tempo que passamos na Bolívia, poucos foram os dias em que não havia ruídos de explosões, tiros e rajadas de metralhadoras. Em três anos, o país teve oito presidentes, nove presidências, juntas militares, inúmeros golpes dentro do golpe, insurreições, motins, rebeliões. Certo dia, o núncio apostólico conversava comigo em uma recepção quando vieram trazer-nos a notícia de mais um levante: "*Ma questo non è un paese, questo è un manicomio!*", desabafou D. Alfio.

Em agosto de 1981, de manhã cedo, eu estava debaixo do chuveiro quando Bia bateu à porta, avisando que chegara aviso telefônico da chancelaria: "O que é?" "É golpe!" As forças armadas sediadas em Santa Cruz se confrontavam com as de La Paz.

Era o plano contra o altiplano, os dois países díspares geográfica, econômica, étnica e socialmente em que se divide a Bolívia, herança dos cinco séculos de sujeição racial e social dos índios pelos brancos. Os mineiros indígenas, descendo da boca da mina, no planalto, a zero grau centígrado, chegavam ao fundo do poço a quarenta graus. Passavam o dia aspirando pó de estanho e mascando folhas de coca para anestesiar o estômago contra a fome. Alimentados por uma sopa rala ao baixar, tomavam outra quando subiam, findo o trabalho. Condenados a morrer de silicose ou tuberculose entre os 35 e os 45 anos, nada tinham a perder além da própria vida. O pobre povo boliviano, tão sofrido, era superior às suas classes dirigentes, o que sucede na maioria das nações, onde aquelas, em geral, não o ajudam nem merecem.

Mas, antes de partir, senti o drama humano e político desenrolado à minha vista, e ouso crer que ajudei a recuperação democrática da Bolívia, permitindo ao presidente Siles, quando lhe abriguei esposa e filha, enfrentar os usurpadores militares e assumir o cargo para o qual fora eleito.

Tramonto

* * *

Eu compreendia a posição dos meus adidos, impecavelmente leais para comigo, mas cujo uniforme os levava a simpatizar com os companheiros de farda, bolivianos e argentinos. Estes últimos foram, desde o princípio, os principais instigadores, organizadores e mesmo executores do golpe militar na Bolívia. Durante interrogatórios, militares bolivianos presos no departamento do Exército sob o comando do coronel Arce Gómez, em La Paz, tinham os olhos vendados, mas distinguiam o sotaque portenho do inquiridor. O prédio onde se localizava a adidância naval argentina, acreditada em um país sem fronteira marítima, como a Bolívia, era mais alto e melhor equipado do que a chancelaria da Embaixada do Brasil.

A Argentina tripartira suas nove embaixadas na América do Sul entre as armas: três para o Exército, três para a Marinha, três para a Aeronáutica. Como a Bolívia não possui litoral, o embaixador escolhido foi um brigadeiro, que me disse, certa vez, partilhar da opinião de um grupo ponderável de oficiais de alta patente do seu país, segundo a qual a Argentina deveria ocupar as três ilhas disputadas com o Chile no canal de Beagle (Lennox, Nueva e Picton), por meio de uma operação aeronaval de surpresa, que, a seu ver, encontraria pouca resistência. Não respeitava as forças armadas bolivianas, acreditava nas chilenas, mas, em sua opinião, a Argentina poderia cercar o Chile por terra e mar, impedir-lhe o abastecimento e levá-lo a se render.

Vieram, porém, a invasão e ocupação das Falklands, ou Malvinas, por forças de Buenos Aires, e a reação militar da Grã-Bretanha, soberana daquelas ilhas, com a derrota inevitável e necessária da Argentina. Meus adidos me informaram sobre a arrogância de familiares dos adidos platinos antes da derrota, provocando-os no sentido de que, após a reconquista das Malvinas, chegaria a vez de reabrirem a questão do território brasileiro das Missões, ou Palmas, por eles contestado. Se necessário, ocupariam Uruguaiana, no Rio Grande do Sul, em cuja vizinhança as forças armadas argentinas eram superiores às nossas, e só se retirariam após o Brasil cumprir suas exigências territoriais.

Foi-nos favorável, diante das pretensões da Argentina, o arbitramento onde serviu como nosso advogado o barão do Rio Branco, em fins do século XIX. Não devemos apoiar posturas que se contraponham a instrumentos jurídicos livremente firmados, pois as nossas fronteiras são fixadas pela diplomacia e pelo direito, em lugar da força. Se anuirmos a pleitos de tal ordem, estaremos abrindo precedente para futuras reivindicações territoriais apresentadas contra o Brasil.

Continuava a ciranda na chefia do Executivo boliviano, em que se sucediam generais, brigadeiros e almirantes, todos envolvidos com o narcotráfico ou buscando alguma outra forma de enriquecer ilegalmente. O último general que presidiu a Bolívia demonstrou carecer de um mínimo de sensibilidade moral quando recebeu, no primeiro dia do seu governo, o criminoso de guerra Klaus Barbie, responsável pelo envio de dezenas de crianças judias francesas ao campo de concentração de Auschwitz, de onde nenhuma saiu com vida, e pela tortura até à morte de Jean Moulin, chefe da resistência à ocupação da França pela Alemanha nazista. Barbie era intimamente ligado a grupos paramilitares da extrema direita boliviana, e sua extradição fora pedida, repetidas vezes, pelo governo francês. Siles o extraditaria para a França em 1983. Enquanto isso, circulava livremente pelas ruas de La Paz o terrorista italiano Stefano Delle Chiaie, acusado pelo atentado explosivo contra a estação ferroviária de Bolonha, causador de horrível morticínio.

A tragicomédia político-militar na Bolívia chegou ao fim com a greve geral decretada pela COB até a entrega do poder ao binômio Siles Zuazo — Paz Zamora, chapa que fora a mais votada nas últimas eleições. O general-presidente e as chefias das forças armadas decidiram que o Congresso eleito em 1980, uma vez reunido, endossaria a escolha dos candidatos cuja posse fora obstada pelo golpe de Estado daquele ano.

Enquanto isso, o general Luis García Meza e o coronel Luis Arce Gómez fugiam para Buenos Aires, onde estavam seus protetores. Doze anos depois, García Meza foi preso em São Paulo. O Supremo Tribunal Federal decidiu extraditá-lo para a Bolívia, a fim de cumprir a pena máxima de trinta anos de prisão, dos 231 a que fora condenado por 32 crimes, entre os quais homicídio, peculato e corrupção passiva.

Durante sua Presidência, Jayme Paz Zamora, sucessor de Siles, prendeu na Bolívia o coronel Luis Arce Gómez e o extraditou para os Estados Unidos, onde foi condenado aos mesmos trinta anos de prisão que García Meza. Paz Zamora não esquecera o atentado promovido por Luis Arce contra o pequeno avião do qual ele tinha sido o único passageiro a escapar com vida, mas desfigurado por queimaduras, nem olvidara o massacre em que os paramilitares do coronel surpreenderam e executaram sumariamente oito membros da direção nacional do seu partido, o Movimento da Esquerda Revolucionária.

Siles Zuazo regressou a La Paz numa tarde chuvosa. Tendo todos os motivos para desconfiar dos militares, sua guarda de honra era composta por operários mineiros armados com os cinturões-cartucheiras de dinamite que usam para abrir as minas de estanho, verdadeiros homens-bomba. Siles desceu diretamente até à Praça de São Francisco, onde se reúnem as grandes concentrações políticas na cidade, e falou para uma multidão.

Dois dias após, em 10 de outubro de 1982, deu-se a transmissão do cargo perante o Congresso, com as tribunas e galerias superlotadas. Aproveitei a oportunidade oferecida por uma cadeira vazia para sentar-me no plenário, assistindo a toda a cerimônia como se fosse deputado boliviano.

À noite, fomos ao palácio Quemado, apresentar saudações ao presidente da República. Nossa delegação era aplaudida desde a rua, o pobre povo boliviano batia palmas, gritando: "*Brasil, ayuda! Brasil, ayuda!*" Reunimo-nos no belo pátio interno, cercado por colunas, e subíamos a escadaria, chamados por ordem alfabética. A delegação argentina abriu o rol, sob um silêncio constrangedor. Pouco depois, foi a nossa vez, recebidos com aplausos calorosos. Quando o ministro dos Transportes, chefe da delegação brasileira, cumprimentou Siles, este pediu-lhe que transmitisse ao presidente Figueiredo seu profundo reconhecimento pela acolhida que o nosso governo lhe dispensara à esposa e à filha, asiladas na Embaixada do Brasil. Depois dele, encaminhei-me para o presidente. Teresa, sentada a seu lado, se inclinou, sussurrando algo. Então, Siles tomou-me a mão entre as suas e permaneceu algum tempo silencioso. Apenas sorria, e seus olhos estavam úmidos. Enfim, murmurou: "No exílio, recebi muitas cartas, contando o que fizeram por elas. Essas coisas não se esquecem jamais."

Da Bolívia, fui transferido para a Venezuela, onde nos aguardavam, em 1983, os grandes eventos comemorativos do bicentenário de Simón Bolívar. Apresentei minhas cartas credenciais de embaixador ao presidente Luis Herrera Campins, do Copei (Comitê de Organização Política Eleitoral Independente), partido democrata-cristão que compartilhava com a Ação Democrática (social-democrata) o domínio da democracia venezuelana.

Enviado especial do governo brasileiro para as celebrações bolivarianas foi o presidente do Congresso, senador Nilo Coelho, de Pernambuco. Quando deputados federais, morávamos na mesma quadra em Brasília, e seus almoços eram famosos. Nilo chegou a Caracas carregado com vidros de compotas e guloseimas para Bia, demonstrando a mesma generosidade culinária nordestina com a qual Vitorino Freire, político no Maranhão, mas também pernambucano, cumulava minha mulher quando moramos em Genebra.

Um dia, tomei o café da manhã com Nilo em seu hotel. Ele tinha pela frente um grande prato cheio de ovos mexidos com bacon. Era médico. E cardiopata. Poucos meses depois, insistindo, por razões políticas, em operar o coração recém-saído de um enfarte, teve outro e morreu.

No seu embarque de volta para o Brasil, fôramos levá-lo e à esposa, Maria Teresa Brennand, ao aeroporto. Bia seguia à frente com Nilo, e Maria Teresa os deixou se distanciarem um pouco para me confidenciar seu sonho político para o marido: o de vê-lo abandonar a candidatura governista de Paulo Maluf, preferida pelo general João Figueiredo para sua sucessão, e candidatar-se em seu lugar.

Ainda no Brasil, quando o visitei em Salvador, o governador baiano Antônio Carlos Magalhães me pediu que atuasse junto a Afonso Arinos para apoiar-lhe a pretensão à mesma candidatura, que coube, afinal, a José Sarney, mas como dissidente, na chapa oposicionista encabeçada por Tancredo Neves.

Com Sarney e Antônio Carlos, mantive posturas distintas na Câmara, eles no governo, eu na oposição. Mas ambos haviam sido liderados por meu pai, fomos deputados federais ao mesmo tempo, e sempre amigos pessoais.

Para Rubem Braga, fazer política era namorar homem.

Houve vastos festejos na Venezuela celebrando o bicentenário do Libertador. Chegou do Brasil um navio com cadetes, jogou a seleção brasileira de vôlei feminino. Bia se desdobrava para atender a todos, com seguidas recepções e banquetes. A bailarina Ana Botafogo, a mim recomendada por José Botafogo Gonçalves, seu tio e meu colega diplomata, dançou pela primeira vez no exterior com o cubano Fernando Bujones, ex-genro de Juscelino Kubitschek, no esplêndido Teatro Teresa Carreño, recém-inaugurado.

Antônio Houaiss e Henrique Pongetti, de passagem por Caracas, descobriram o grande artista local Jesús Soto, cuja obra decora a entrada do Centre Pompidou, em Paris.

* * *

Não se podia confiar nos venezuelanos em matéria de cerimonial e protocolo. Ao mandar flores para a embaixatriz, se consideravam representados por elas, dispensando-se de comparecer ou informar que não apareceriam. Às vezes traziam amigos sem avisar. Resolvemos não mais receber convidados com lugares marcados.

Certo dia, fui almoçar no Ministério do Exterior com um alto dignitário da China. Do cardápio constava, como abertura, uma *ave del Tuy*. Intrigado, perguntei ao ministro do Trabalho, meu vizinho de mesa, a quem reencontraria mais tarde como embaixador em Roma, que *avis rara* era aquela. Respondeu-me: "*Me temo mucho, embajador, que sea una vulgar galina.*" "Mas, então, por que *ave del Tuy*?" "*Para impresionar al chino.*"

De outra feita, o ministro do Exterior chamou-me para conversar. Os índios ianomâmis cruzavam a fronteira de um lado para o outro, criando problemas. Mas sua primeira observação me tranquilizou: "Embaixador, não precisa lembrar-me de que índio não tem passaporte."

Em Caracas, durante as cerimônias do bicentenário, vi pela última vez Siles Zuazo e Lydia Gueiler, que haviam passado conosco momentos difíceis em La Paz.

Apareceu ainda Gilberto Freyre. Muito envelhecido, disse-me que os homens deveriam ser imortais, provavelmente a fim de admirá-lo e louvá-lo pelos séculos afora.

Pela mesma ocasião, estivemos com Jânio Quadros. Ele preferiu ficar conversando comigo no bar do hotel, e surpreendeu-se quando Beatriz lhe disse que sairia com Eloá, sua esposa, para fazer compras. "Compras?", perguntou assustado. Quando regressavam ao hotel, Eloá pediu a Bia para esconder na bolsa um par de sapatos que havia adquirido, a fim de que o marido não os visse. Dali, iriam atravessar a União Soviética no trem trans-siberiano.

A violência urbana em Caracas superava a das outras capitais latino-americanas. Soube, certo dia, que uma moça, conduzindo seu carro, fora assaltada em um posto de gasolina por dois jovens motociclistas que, armados de um revólver, lhe pediram a corrente de ouro com medalhas trazida ao pescoço. Ela obedeceu, entregou-lhes o desejado, e, depois de receber o que queriam, os bandidos a mataram com um tiro na cabeça.

Tramonto

A residência da Embaixada do Brasil fica no bairro residencial do Country Club, em uma rua circular que eu tinha o costume de contornar na minha caminhada diária. Um dia, achava-me andando pela parte mais alta do caminho, deserta de casas, quando surgiram dois rapazes em uma motocicleta, e pararam a fim de pedir-me uma informação. Dei-a, seguiram até o fim da rua e voltaram em alta velocidade. Parecia que iam atropelar-me, um deles gritou com a intenção de me assustar, enquanto o outro bateu-me com a mão no peito, onde eu trazia uma correntinha com a medalha do batizado de Virgílio, usada por mim desde que o perdemos. Arrancou a corrente, mas a medalha caiu no meio do capinzal que cercava a rua. Pus-me a procurá-la quando observei que os dois haviam estacionado, e me olhavam da parte oposta. Nesse momento, surgiu ao lado deles o meu anjo da guarda, conduzindo, na minha direção, um automóvel branco. Sinalizei e ele parou. Vestia um terno claro. Não lhe fixei o rosto, mas narrei-lhe rapidamente o ocorrido, ele me fez entrar no carro. Depois, sem trocarmos uma só palavra, depositou-me pouco adiante, na porta da minha residência.

Viera conosco de Portugal uma bela rapariga para trabalhar na Embaixada. Dias depois do que sucedeu comigo, ela estava saindo de casa com uma bonita amiga paraguaia quando foram ambas sequestradas, quase diante da nossa casa, por dois homens em um automóvel. Puseram-nas atrás do carro e seguiam em alta velocidade pela rua que desce do Country Club para o centro da cidade, quando, passando por uma das transversais, foram abalroados por outro carro. Posso imaginar o que as esperava se o acidente não houvesse ocorrido.

A hora delas e a minha ainda não havia chegado.

Achava-me servindo na Venezuela quando ocorreu o drama da candidatura, eleição e morte de Tancredo Neves.

Quando ministro da Justiça de Getúlio Vargas, Tancredo se desentendera fortemente com Afonso Arinos, então líder da oposição, mas, como candidato à Presidência da República contra Paulo Maluf, o favorito da ditadura militar em extinção, Afonso o apoiou com todo o vigor, inclusive redigindo para ele o discurso que proferiu no Espírito Santo, pelo qual a redemocratização do país seria batizada "Nova República".

Enquanto se realizou o pleito indireto no Legislativo, estive em Brasília, hóspede de Afrânio Nabuco. Tancredo, tão logo eleito, veio almoçar conosco.

Não com o diretor da TV Globo na capital federal, mas com Roberto Marinho, dono da emissora, que se encontrava em casa dele, bem como com o vice-presidente eleito José Sarney, Antônio Carlos Magalhães e outros. Antônio Carlos saiu escolhido ministro das Comunicações.

No almoço oferecido por Afrânio, Tancredo Neves foi delicadíssimo comigo. Tínhamos sido colegas e correligionários na Câmara pelo MDB, do qual fôramos fundadores, ele à frente com Ulysses Guimarães e Franco Montoro, eu com os companheiros da minha geração, Mário Covas, Roberto Saturnino, José Richa, Celso Passos. Vendo-me de pé, me fez sentar a seu lado, e mostrou interesse pelo que vivi na Bolívia e repercutiu no Brasil, ao asilar esposa e filha do presidente boliviano Siles Zuazo, deposto pelo golpe militar.

O presidente eleito viajou ao exterior e voltou. No dia marcado para sua posse, Afonso Arinos e eu nos encontrávamos no grande salão contíguo à pequena sala onde despachava Ulysses Guimarães, presidente da Câmara dos Deputados. Afonso ia encontrar-se com ele quando apareceu Fernando Lara Resende, irmão de Otto, ambos, como Tancredo Neves, naturais de São João del-Rei. Fernando me preveniu que Tancredo não tinha condições de saúde para tomar posse naquela noite. Eu tentava comunicar o fato gravíssimo a Afonso, mas este, autor de *O índio brasileiro e a Revolução Francesa*, estava inteiramente voltado para a conversa que entretinha com o deputado índio Juruna, e não me prestava atenção. "Qual a sua tribo, Juruna?" "Juruna é Gê." "Você é Gê?" E iam por aí.

À noite, fomos jantar em casa de uma amiga. Lembro-me da presença dos juristas Vítor Nunes Leal e Sepúlveda Pertence. O único assunto era a crise política causada pela doença de Tancredo Neves. Soubemos, então, que ele estava sendo hospitalizado. Quem assumiria a Presidência no dia seguinte?

O deputado Israel Pinheiro Filho, meu amigo de infância quando nossos pais, então deputados, moravam em casas fronteiras no Rio de Janeiro, puxou Afonso pelo braço para levá-lo à televisão. "Mas eu não trouxe a Constituição..." "O senhor tem ela toda na cabeça." No automóvel, recordei a meu pai o sucedido com o presidente Rodrigues Alves, que, eleito pela segunda vez em 1918 e já atingido mortalmente pela gripe espanhola, não chegou a tomar posse e foi sucedido, em plena normalidade, por Delfim Moreira, candidato à vice-presidência. Na TV Globo, Afonso gravou entrevista expondo a solução constitucional, e Afrânio Nabuco fez com que ela fosse transmitida várias vezes durante o dia.

À noite, assistimos à recepção dada pelo vice-presidente eleito, após ser empossado. José Sarney, ao encontrar Afonso Arinos, fez menção de beijar-lhe a mão, o que Afonso não permitiu. E voltei para a Venezuela.

De lá, acompanhava, com Beatriz e Sílvia, a evolução irreversível da moléstia de Tancredo Neves. Passamos uns dias em Manaus, para podermos ouvir, pela televisão, os boletins médicos transmitidos por Antônio Brito, porta-voz do presidente eleito, já que, em Caracas, eram muito escassas e episódicas notícias sobre as ocorrências no Brasil. Veio, então, o fim.

Estávamos tomando o café da manhã quando tocou o telefone, e o mordomo da Embaixada anunciou: "É o presidente da República." Era Jaime Lusinchi, eleito pela Ação Democrática em 1984. Queria presenciar o velório de Tancredo em Brasília, e me convidava a acompanhá-lo. Tive uma hora para aprontar-me, e o encontrar no pequeno aeroporto que fica no centro de Caracas (o internacional está em Maiquetia, embaixo da serra, à beira-mar).

Embarcamos no avião presidencial, onde nos reunimos em uma pequena saleta, sentados em poltronas confortáveis. Lusinchi, sempre muito amável e sorridente, acompanhado pelos seus auxiliares mais próximos, inclusive o chanceler, tomou um copo de uísque em Caracas, e praticamente só o depôs em Brasília (o consumo de uísque per capita na Venezuela era dos mais altos do mundo). Aí se deu o problema. O avião estacionou longe do aeroporto, o presidente permanecia tranquilo e simpático. A mente lúcida e controlada, mas não o andar. Lusinchi devia caminhar uns cem metros por estreito tapete vermelho, a fim de passar em revista a guarda de honra. O chanceler Olavo Setúbal, andando a meu lado, cochichou: "Ele tem algum problema nas pernas?" Sinalizei que, nas pernas, não.

Em novembro de 1985, viajei ao Rio com Beatriz a fim de assistir às celebrações dos 80 anos de Afonso Arinos. E lá, no jardim da Casa de Rui Barbosa, onde se realizava exposição comemorativa em homenagem ao aniversariante, encontrei, pela última vez, Carlos Drummond de Andrade. Pedi-lhe notícias da filha Maria Julieta, nascida em Belo Horizonte um ano antes de mim, que o carcinoma ia corroendo lentamente. Carlos me disse então: "Afonso, minha filha é muito mais corajosa do que eu."

Dois anos mais tarde, na chancelaria da Embaixada do Brasil no Vaticano, uma funcionária sua prima entrou em prantos na minha sala: "Embaixador, Maria Julieta morreu!" Então, a preveni para que esperasse por outra notícia triste dentro de duas semanas. Não foi preciso tanto tempo. Bastaram 12 dias. A médica assistente de Drummond queria receitar-lhe medicamentos, e ele respondeu: "Então, me receite um enfarte fulminante." Foi atendido. Perdera a pessoa que mais amava no mundo.

Um dia, indagado por mim qual seria, a seu ver, o maior intelectual do Brasil, Afonso Arinos respondeu com uma das suas distinções habituais, sem fazer diferença entre prosa e verso: "O maior intelectual é o Antonio Candido. Mas o maior escritor é o Carlos Drummond."

Sarney esperou vagarem as embaixadas do Brasil em Lisboa e no Vaticano a fim de, em 1986, destinar a primeira a Alberto da Costa e Silva e a mim a última. Uso de propósito esta palavra, pois acho que a Santa Sé deveria ser o último destino na carreira de um embaixador católico, o que não sucedeu no meu caso.

Segui para Roma com Bia e Sílvia, que desistira da medicina. Minha carreira de diplomata, favorável à formação dos filhos na medida em que lhes abriu horizontes mundiais de culturas e línguas, era adversa por fazê-los trocar de países, escolas, amigos e idiomas a cada três anos, em média. Isso, por outro lado, os tornou muito unidos, pois viajamos sempre com o bando dos cinco. Mas a menina, que amava a profissão escolhida, cortando vivos e dissecando mortos com a maior naturalidade, foi vencida pela dificuldade para trocar de faculdades, currículos, créditos, sistemas de ensinos, da Bolívia para a Venezuela e daí para o Brasil. Sua extraordinária facilidade e versatilidade em línguas a faria intérprete na Itália.

A sede da nossa embaixada no Vaticano é alugada pelo Itamaraty à Fundação Caetani. No século XIX, lá morou Francisco Solano López, que, enviado à Europa pelo pai, residira em Paris e em Roma. Um dia, o embaixador paraguaio pediu-me autorização para ali colocar uma placa alusiva ao fato. Entre surpreso e divertido com a solicitação, expliquei ao colega que, não sendo o imóvel propriedade brasileira, não me sentia autorizado a esburacar-lhe a parede para louvar o causador da guerra do Paraguai, que tantas mortes e sofrimentos causara ao nosso país, e ao dele.

Menor, porém mais rica do que a Embaixada do Brasil junto ao governo italiano, no Palácio Pamphilj, a nossa junto à Santa Sé, no andar nobre do Palácio Caetani, é linda. O piso da galeria, desenhado em pedras brancas e pretas, estava na vila do imperador Adriano; as cabeças em mármore também vieram da Roma antiga; tapeçarias maravilhosas cobrem as quatro paredes da grande sala onde ficam o busto em mármores coloridos de um nobre renascentista e a mesa rica em pedrarias; o teto do vasto salão, trabalhado em madeira, é decorado por bons artistas barrocos; a sala de jantar foi afrescada por pinturas inspiradas nos motivos da Antiguidade, que os italianos chamam *groteschi*; tudo isso já havia levado o príncipe Ruspoli a afirmar que aquela era a mais bela residência de Roma. O enorme quarto da embaixatriz, antiga galeria, tem no teto um grande afresco representando Alexandre o Grande entre combatentes. Eu brincava com Bia, recordando um filme de Woody Allen no qual o herói sai da tela a fim de palestrar com a admiradora Mia Farrow, mulher do diretor na época, e lhe dizia que o guerreiro macedônio desceria de onde se encontrava para conversar com ela. Este aposento abre as janelas sobre a estreita rua lateral, onde uma placa indica o lugar onde os assassinos deixaram, na mala de um carro, o corpo do grande político Aldo Moro, morto pelas Brigadas Vermelhas.

Poucos dias após chegarmos, levei Beatriz ao cinema para ver um filme de Federico Fellini, com sua esposa Giulietta Masina e Marcello Mastroianni nos papéis principais. *Ginger e Fred* narra a história de um casal de imitadores italianos de Ginger Rogers e Fred Astaire dançando nos cabarés romanos depois da última guerra. Trinta anos mais tarde, eles tentam praticar o mesmo número na televisão, mas haviam envelhecido, o meio era outro, a técnica também. Eu disse a Bia que aquela era a nossa história. Tornávamos a Roma trinta anos após a primeira vez, mais idosos, os amigos de outrora mortos ou desaparecidos. A lua de mel com o antigo posto deixara de existir.

Nenhuma apresentação de credenciais pode-se comparar à feita ao papa no Vaticano. Saudados pela Guarda Suíça, passamos pelas *loggias* de mármore do palácio e pelos salões pintados por artistas da Renascença. João Paulo II me aguardava no seu estúdio, ornado por um Cristo de Rafael. Fui o primeiro a falar, e o saudei em francês, para evitar que ele se esforçasse ao procurar ser amável, dirigindo-se a mim em português. Sentou-se junto a um canto da grande mesa retangular, e me colocou no outro lado do mesmo ângulo. Seus olhos atravessavam o interlocutor, dando a impressão de penetrar-lhe a alma. Assim, a conversa deixou de ser formal ou solene, assemelhando-se a um confessionário. Durou 35 minutos, findos os quais o papa pediu que minha comitiva entrasse. Os diplomatas brasileiros, naturalmente, deixaram passar à frente as quatro mulheres minhas familiares e uma secretária da embaixada. Entraram Beatriz, Sílvia, uma prima de Bia com sua filha, que hospedávamos na ocasião, e a jovem diplomata. Aí, levado pela naturalidade da conversa que mantivéramos pouco antes, fui imprudente ao brincar com o papa. "Quem são todas essas senhoras?", indagou João Paulo. Não me contendo, respondi: "É o feminismo no Vaticano, Santo Padre." Ele não gostou, elevando a voz: "Não há feminismo no Vaticano."

Cedo percebi que, politicamente, servir no Vaticano era, um pouco como nas Nações Unidas, estar com a mão no pulso do mundo, por causa da ação da Igreja Católica em toda parte onde seus fiéis tinham influência. Como na Polônia, que se encontrava sob o domínio da União Soviética, e o papa era polonês. A Igreja, através dos seus arcebispos, mediava guerras civis na Nicarágua e em El Salvador, tinha problemas sérios em Cuba e no Chile. Ademais, à medida que tudo o que afeta o homem lhe diz respeito, seu interesse ia da dívida externa dos países a questões de saúde, como a síndrome de imunodeficiência adquirida (AIDS na versão inglesa).

Preocupada com problemas familiares e filha do presidente da República, Roseana Sarney jantava conosco em Roma quando me disse do seu desejo de estar com João Paulo II. Era véspera do dia das audiências, àquelas horas não havia mais ninguém com quem eu pudesse me comunicar no Cerimonial do Vaticano. Mas o cardeal brasileiro Agnelo Rossi teve sensibilidade para resolver o problema. Levei Roseana, com três pessoas amigas suas e Bia, à missa que o papa, como qualquer sacerdote, costuma celebrar na pequena capela particular, antes de dar início ao seu dia de trabalho. A missa começaria às sete da manhã, e nós chegamos meia hora antes. João Paulo ingressou na capela e ali permaneceu fundido na oração, a ponto de o sacerdote que o auxiliava ter de tocar-lhe o ombro, para alertá-lo. Depois da missa, ele nos ofereceu, gentilmente, um leve café da manhã.

Sarney iria à Itália no mesmo ano, e tencionava entrevistar-se com João Paulo II. A filha lhe havia narrado a missa privada a que estivera presente, e ele contava com o mesmo privilégio. Porém um presidente da República não podia aparecer no Vaticano às sete horas da manhã, quase incógnito, sem Guarda Suíça nem tapete vermelho. A missa foi transferida para o meio-dia, mas na capelinha oval só caberiam poucas pessoas. O presidente foi generoso. Viajava com uma comitiva de cerca de trinta membros, e não lhe parecia justo negar-lhes a oportunidade de assistir ao culto celebrado pelo papa. A missa, rezada em português, teve lugar em um recinto bem mais amplo, onde couberam todos os acompanhantes do presidente. Este ficou próximo ao altar com a esposa Marly, quase ao lado de João Paulo II, separados dos demais assistentes por uma pequena mureta. Sarney, emocionado, chegou a chorar. Mas não viu a mesma missa a que Roseana tivera acesso.

O presidente José Sarney apresentou ao Congresso, em novembro de 1985, projeto de emenda constitucional convocando o pleito para eleger, em novembro de 1986, a Assembleia Nacional Constituinte.

Antigos companheiros, amigos e eleitores pressionavam Afonso Arinos a candidatar-se a senador pelo Rio de Janeiro. Tancredo Neves designara, e Sarney nomeou uma Comissão Provisória de Estudos Constitucionais, presidida por Afonso, encarregada de elaborar o anteprojeto da Constituição. Vim ao Brasil pensando que, para meu pai, melhor seria não aceitar a candidatura ao Senado. Ele me disse, certa vez, não saber como sobrevivera a tantas tensões e pressões às quais fora submetido, por oito anos, como líder da oposição na Câmara dos Deputados, enfrentando grandes dramas políticos e violentas batalhas parlamentares, que resultaram no suicídio de Getúlio Vargas, nas deposições de Café Filho e Carlos Luz. Mais arriscado seria agora, vinte anos depois, voltar às lutas políticas. Mas amigos próximos, dentre os quais recordo Evaristo de Moraes e Hélio Jaguaribe, se reuniram comigo na sua biblioteca. E eu, que chegara com opinião contrária, saí de lá aclamado coordenador-geral da campanha. Arinos acabou aceitando a candidatura, mas para isso apresentou condições devidas à idade. Às vésperas de cumprir 81 anos, não tinha mais disposição para os deslocamentos habituais a essas circunstâncias.

Promovendo contatos políticos e provendo apoios financeiros, cuidei, sobretudo, de levantar fundos para a campanha, pois o candidato pouco saía. Não subiu morro nem panfletou. Só falaria à televisão em casa, porque, à noite, os estúdios lhe tiravam o sono. Passou a maior parte do tempo lendo no escritório. Mas os eleitores não esqueceram o grande parlamentar, o autor da lei Afonso Arinos contra a discriminação racial.

Após haver sido deputado federal por Minas Gerais durante três mandatos, e senador pelo então Distrito Federal em 1958, Afonso foi eleito novamente senador pelo Rio de Janeiro em 1986, com mais de um milhão de votos. A missão que me atribuíram estava cumprida, e pude retornar a Roma.

Situação que perdurou enquanto fui embaixador junto à Santa Sé era a vontade dos visitantes brasileiros de ver ou estar com o papa, e o desejo de tirar fotografias do encontro, às vezes para fins eleitorais.

Eu costumava acompanhar ao Vaticano os políticos brasileiros que obtinham audiência privada com o pontífice, mas declinava participar das entrevistas quando convidado. Dentre aqueles, o único a sair do estúdio de João Paulo II com os olhos úmidos foi o metodista Leonel Brizola.

Caso mais sério ocorreu com Fernando Collor. Como governador de Alagoas, ele teve acesso a um encontro que autoridades de certa hierarquia podem obter com o pontífice. Finda a audiência geral na Praça de São Pedro, o papa percorre uma série de salas, onde ficam os postulantes em cada um dos quatro cantos. João Paulo II passou por Collor e Rosane, lhes foi apresentado, ofereceu-lhes a medalha do pontificado com o terço bento, e obtiveram a fotografia almejada. Tempos depois, ambos voltaram a Roma, e pediram audiência. Nessa ocasião, Collor já mantinha liderança na disputa pela Presidência da República no país com maior população católica do mundo. Conseguiu o encontro desejado, porém o subsecretário de Estado, decerto já prevenido pela nunciatura no Brasil de que ele se casara com Rosane na cismática Igreja Católica Brasileira, do bispo de Maura, me informou sobre a impossibilidade de o papa acolhê-lo com a mulher. Nesse caso, o receberia isoladamente. Contudo, os muitos repórteres brasileiros presentes em Roma notaram a ausência de Rosane, e quiseram saber por que ela não havia participado da audiência. Então, Collor fez distribuir entre aqueles jornalistas e fotógrafos, como se fosse da audiência atual, a foto do rápido encontro que o casal mantivera com o papa quando ele era governador.

Outro problema era o criado pelo caro José Aparecido de Oliveira, governador de Brasília, que não se conformava pelo fato de a matriz da sua Conceição do Mato Dentro, em Minas Gerais, não ser alçada à dignidade de basílica. Mas a igreja carecia dos requisitos necessários para tanto, e matriz permaneceu.

Quando da visita *ad limine* da cúpula da Conferência Nacional dos Bispos do Brasil ao papa, Bia preparou para os seis cardeais brasileiros uma réplica da *Ceia dos cardeais* de Júlio Dantas. Pusemos em uma cabeceira Agnelo Rossi, administrador do patrimônio da Sé Apostólica, e na outra Avelar Brandão Vilela, arcebispo de Salvador, Sé Primaz do Brasil. Sem saber como arranjar os outros quatro, propus a ela: "Ficam os dois conservadores (Eugênio Sales e Vicente Scherer) à nossa direita, e os dois progressistas (Paulo Evaristo Arns e Aloísio Lorscheider) à esquerda."

Findo o repasto, um dos purpurados tentou advertir-me, delicadamente, sobre um suposto equívoco na posição em que eu o colocara. Percebi aonde queria chegar e, também delicadamente, mudei de assunto. É que, pelo Cerimonial do Vaticano, ele teria precedência, mas, na Embaixada do Brasil, eu utilizava o Cerimonial da República, e a precedência era a do representante do Estado junto ao qual eu estava acreditado.

Algum tempo mais tarde, o papa nomeou Dom Lucas Moreira Neves para ser arcebispo de Salvador. Dom Lucas me disse então, textualmente, que aquele dia fora para ele, após a morte do pai, o mais triste da sua vida. Decerto, gostaria de haver chegado a cardeal sem afastar-se dos mármores e brocados do Vaticano, onde trabalhava, para enfrentar a labuta, os problemas, o calor e o incômodo de um arcebispado nordestino.

Já o cardeal Bernardin Gantin, do Benin, encantado com Salvador, me dissera haver identificado com sua mãe uma negra baiana que avistou vendendo acarajé no meio da rua.

Em 1988, oferecemos uma grande recepção aos dois cardeais recém-elevados no consistório. Recepcionei, na embaixada, Lucas Moreira Neves e José Freire Falcão, arcebispos de Salvador e de Brasília, respectivamente. Sílvia, sempre espontânea e afetuosa, se habituara a beijar Dom Lucas no rosto quando vinha à nossa casa, e tentou repetir o gesto, mas ele recuou e lhe deu a mão a oscular. Não me contive ao adverti-la: "Minha filha, um cardeal é uma montanha muito alta. Comece por beijar-lhe o anel, e vá escalando aos poucos."

No dia em que Dom Lucas recebia cumprimentos pela investidura no cardinalato, fui indiscreto ao tocar-lhe levemente o rosto e dizer que, assim trajado de vermelho, magro, com óculos e os traços angulosos, ele me recordava outro cardeal. Seus olhos brilharam quando concluiu: "Pacelli!" Estava, de fato, fisicamente parecido com Pio XII.

Bia teve que desdobrar-se outra vez para oferecer dois banquetes com intervalo de 24 horas, um a Antônio Carlos Magalhães, representante do presidente da República, e outro a Waldir Pires, governador da Bahia, sede da Sé Primaz, pois eram desafetos. Na cerimônia de entrega dos capelos, sentei-me ao lado de Antônio Carlos, e me levantei para acolher e cumprimentar Waldir, por serem ambos meus amigos.

No fim do ano, a prefeitura de Roma, situada no Palazzo Senatorio, outorgou a Afonso Arinos o "Premio Roma-Brasília — Città della Pace 1988", pela autoria do livro *Amor a Roma*. Iniciativa, decerto, do governador do Distrito Federal, o nosso amigo José Aparecido. O galardão fora concedido anteriormente a Lúcio Costa, Oscar Niemeyer e a D. Hélder Câmara.

Quando lhe dei a notícia da sua indicação, Afonso se felicitou, brincando: "Qual nova madame de Staël, receberei os louros no Capitólio." Mas Anah se afligia muito com um herpes que lhe tomou metade do rosto e da cabeça no fim da vida, e ele desistiu da ida a Roma, pedindo-me que o representasse: "Não viajo sem sua mãe."

Quem voltou a aparecer em Roma foi Jânio Quadros, acompanhado da esposa. Convidei-o para almoçar, e ele aceitou, contanto que a reunião fosse em família. Veio o embaixador do Brasil na FAO, casado com minha prima. De fora, apenas o cardeal Agnelo Rossi, antigo arcebispo de São Paulo. Conversávamos antes em um pequeno salão, próximo à sala de jantar, quando Quadros proclamou: "Marido exemplar que sou..." Mas Eloá lhe chamou a atenção: "Jânio, meu filho, você está embaixo do lustre!"

Ao sair, ele caminhava devagar, e me deu o braço. Nunca tivera comigo essa intimidade, e pensei, mais tarde, que talvez começasse a sofrer a série de pequenos derrames cerebrais que acabaria por torná-lo totalmente inválido.

Ainda em 1988, publiquei meu segundo livro, *Três faces da liberdade*, com prefácio de Otto Lara Resende, escrito quando eu era cônsul-geral no Porto. Foi o último lançamento que Afonso Arinos presenciou, e o único para o qual desenhei capa, o triângulo vermelho dos inconfidentes de Minas Gerais sobre fundo branco, com as palavras do título correspondendo a *libertas quae sera tamen*. Como temas gerais, a reafirmação da democracia americana contra o presidente Nixon, que tentara intimidar seus adversários através das ilegalidades praticadas no escândalo Watergate, e a libertação de Portugal e Espanha das ditaduras fascistas de Salazar e Franco.

A audiência final com João Paulo II também durou 35 minutos. Bia e Sílvia me acompanharam. O pontífice indagou para onde eu estava sendo transferido, e, ao tomar conhecimento do meu novo posto diplomático, disse-me que a Holanda era o país onde ele tinha os maiores problemas com a Igreja.

Bia, com a espontaneidade de sempre, palestrava com o papa, e foi fotografada apontando o dedo indicador para o rosto de João Paulo II. Tempos depois, ao nos visitar e ver o retrato na Embaixada do Brasil em Haia, meu colega e amigo Rubens Ricúpero propôs: "Tenho uma legenda para essa foto — Bia ensinando o Pai-Nosso ao Vigário."

João Paulo II é beato da Igreja Católica. Como João XXIII.

Minha remoção concretizou-se em 1990, quando apresentei credenciais à rainha Beatrix. Os dois últimos postos foram bisados, pois eu já servira na Itália de 1956 a 1959, e nos Países Baixos em 1964.

Frequentáramos a residência da nossa Embaixada na Holanda quando era embaixador ali Jayme Chermont, meu tio afim. A casa em Wassenaar, pequena comuna no caminho para Amsterdã, aparenta ser maior por fora do que por dentro, tendo defronte um grande pasto *non aedificandi*, cheio de vacas durante as estações a elas propícias, e cercada por canais em que a bela mãe-cisne navegava majestosamente, com os filhotes empoleirados nas costas, e onde se podia passear de barco no verão. Já durante o inverno, os canais se tornavam pistas de patinação no gelo.

Da Holanda, acompanhei, em 1992, o escândalo causador da renúncia do presidente Fernando Collor, como assistira, em 1964, à insurreição que derrubou o presidente João Goulart. Esta, porém, resultaria em 21 anos de ditadura militar, enquanto o processo do impedimento de Collor por denúncias de corrupção, obrigando-o a renunciar ao mandato, fortaleceu a democracia no Brasil. E revelou os limites que a balança dos três poderes pode impor ao Executivo no regime presidencial de governo, como no caso da renúncia de Richard Nixon para não ser impedido por mentir ao Congresso dos Estados Unidos em 1974.

Ainda em 1992, ao chefiar, em Haia, a Delegação do Brasil a um encontro da Comissão Especial para a Adoção de Menores, consegui contribuir, com êxito, para bloquear a atitude da Delegação americana, cuja postura poderia facilitar a venda, sequestros ou tráfico de crianças para adoção, infelizmente habituais em nosso país.

Frequentamos assiduamente, visitando-a no lar de idosos onde vivia em Laren, e a hospedando na Embaixada em Wassenaar, Joanita Blank, carioca de Santa Teresa e embaixatriz da Holanda. Afonso diz nas memórias que sentia "uma ternura recôndita" por ela, a quem dedicou o belo "Poema para Joanita", publicado, quase três décadas mais tarde, em *Barra do Dia*, com o título "Nossa Senhora da Boa Viagem". Joanita contou-me haver namorado Vinicius de Moraes andando com ele no bonde de mãos dadas. Reconheceu ter-se encantado quando dançava com Pedro Nava em um baile de carnaval no High Life, mas não o namorou, "porque ele era feio e pobre". Manuel Bandeira foi seu pai espiritual e professor de humanidades, confiando-a depois a Cândido Portinari, responsável por haver feito dela a excelente desenhista e pintora que viria a ser (possuo dois retratos de Afonso desenhados por Joanita na juventude, em Petrópolis). Certa vez, atendi com prazer a um seu pedido para trazer em avião, de Amsterdã ao Rio de Janeiro, um busto de Bandeira esculpido em cerâmica pelo poeta Dante Milano, a fim de abrigá-lo na Fundação Casa de Rui Barbosa.

Findava 1994 quando se cumpriram meus 15 anos consecutivos em chefia de missão, e veio a remoção regulamentar de volta à Secretaria de Estado. Beatriz e eu passáramos 32 anos da nossa vida em comum no exterior, excetuados os quatro anos e meio nos quais exerci os mandatos de deputado estadual e federal, mais dois anos do ostracismo imposto pelo ministro Silveira. Os anos que vivemos no estrangeiro somaram 21 na Europa, 5 na América do Norte e 6 na América do Sul. Essa longa ausência não foi deliberada, nem desejada, mas circunstancial. Contudo, jamais permitiria que me reintegrasse completamente na engrenagem da vida decorrida sem nós na cidade e no país, e mais de três décadas era muito tempo para eu conhecer e compreender a vivência e o sofrimento de parentes e amigos em nossa ausência.

Já Beatriz nunca escondeu o que a distância do Brasil e do seu Rio de Janeiro natal significavam para ela, longe da família, das amigas, e indo viver na Holanda após deixar a embaixada no Vaticano, último posto no qual tivemos a companhia da filha. Quando me condecoraram com a Ordem de Rio Branco (o chanceler Afonso Arinos propusera sua criação, mas a lei que a aprovou foi sancionada mais tarde), Bia havia chorado ao conhecer o significado da divisa nela constante, extraída do ex-libris do barão do Rio Branco: UBIQUE PATRIAE MEMOR, "em todo lugar, a memória da pátria".

A rainha e o príncipe consorte Klaus nos ofereceram um almoço de despedida. Antes de começar a refeição, Beatrix disse algo desagradável a Beatriz, com quem palestrava. Sentado à sua direita, aproveitei oportunidade que a soberana me ofereceu para lhe retribuir a gentileza. Foi quando indagou por que o aborto não era permitido no Brasil. Pude, então, dar-lhe o exemplo de sua mãe, a rainha Juliana, que, se houvesse abortado, não viveria a irmã, tão simpática, agradável, inteligente e culta, mas deficiente visual (talvez Juliana tivesse rubéola durante a gravidez, mas não estou certo).

Sob o ponto de vista das perdas familiares e de amigos, vivemos anos funestos na Holanda.

Afonso me contara que, certa vez, Alceu Amoroso Lima lhe manifestou estranheza por vê-lo lendo tudo sem jamais mencionar uma obra teológica. Mantiveram, então, o seguinte diálogo: "Alceu, você tem dúvidas?" "Tenho, como todo mundo." "Então, para que tanta teologia?" Meu pai admirava o tio Afonso Arinos, que, a seu ver, possuía uma "fé de negra velha".

Em 1º de agosto de 1990, dia de Santo Afonso, senti uma necessidade incoercível e angustiada de lhe telefonar para o Rio, sob o pretexto de felicitá--lo pela data do onomástico, o que nunca fizera antes. Ele era devoto do "doutor sutil", do jurista ilustre, do mestre eminente da teologia moral, do grande apóstolo da Campânia napolitana, de quem possuía uma relíquia, presente do geral dos Redentoristas. Fôramos juntos, em 1957, a Pagani, onde visitamos os aposentos em que viveu e morreu o fundador da ordem, com seus objetos de uso pessoal, óculos e livros. Conversamos bastante. Por fim, abençoou-me:

"Deus te abençoe, meu filho." E repetiu, alçando a voz ansiosamente: "Deus te abençoe, ouviu?!" Foi a despedida.

Doze dias depois, meu pai era hospitalizado com um enfarte. Ao sair de casa, despediu-se das empregadas, dizendo-lhes que não tinha medo de morrer. Reagiu bem à crise cardíaca, que não fora grave. Mas passados poucos dias, tratado com excesso de solventes sanguíneos, reabriu-se a velha úlcera no duodeno. Uma hemorragia intestinal extensa o prostrou inconsciente. Voei para o Rio, sem saber se ainda o veria com vida. Encontrei-o, de fato, desacordado. Poucos dias depois, porém, voltou a si, enchendo-nos de esperança. O aparelho que lhe auxiliava a respiração o impedia de falar, mas se emocionou ao ver-me. Ouviu atentamente minha explicação sobre a crise que o acometera. Contudo, complicações inesperadas voltaram a agravar-lhe o estado. Uma cirurgia *in extremis* suturou-lhe o baço, que aparecera rompido. Houve pedidos públicos, pela imprensa, de doação sanguínea ao hospital que o atendia. Mas foi justamente a infecção hospitalar causada por transfusões de sangue contaminado que constituiu o golpe de graça. No dia 27 de agosto, permaneci a seu lado até às nove horas da noite, quando os visitantes deviam retirar-se do hospital. A pressão arterial caía sempre, levando-me a solicitar às enfermeiras que lhe dessem mais plasma. Percebi que o fim se aproximava, e pedi à telefonista para informar-me sobre qualquer alteração no seu estado. Fui atendido no princípio da madrugada. Afonso nos deixara poucos minutos antes da meia-noite.

Ele tinha dito, anteriormente, que queria ser velado em casa. Quando o féretro saiu da residência, o povo que se ajuntava na rua defronte prorrompeu em aplausos. Um neto chorou ao ouvi-los. A imprensa abriu páginas inteiras à vida e à morte de Afonso Arinos de Melo Franco.

Passado algum tempo, minha mãe foi convidada a almoçar com a cunhada Anah Chagas, irmã de Afonso. Perguntou-lhe se estava com a boca torta, pois o herpes a incomodava tanto que a fazia franzir o rosto sem querer. A amiga indagou por que não consultava o seu médico-assistente, e minha mãe respondeu: "Porque ele é cardiologista, e do coração eu não trato mais." Nessa noite de 8 de outubro, Anah morreu, seis semanas depois de Afonso. Eu já havia retornado à Holanda.

Mais tarde, Bia perdeu o pai, Milton Paranhos Fontenelle. O avô paterno, marechal José Freire Bezerril Fontenelle, foi presidente do Ceará na primeira República. A avó Paranhos lhe dizia que era parente do visconde do Rio

Branco, o grande primeiro-ministro do Império. Não demonstrava importar-se com o barão, seu filho.

Em 1991, foi-se embora José Guilherme Merquior. Além de mim e do meu irmão, era o único homem a quem Afonso beijava.

Lembro-me dele, procurando minha esposa em 1962, quando acabávamos de perder o filho primogênito: "Bia, você passou quatro anos seguidos no exterior. Vou dar-lhe umas lições de português, para retomá-lo." E o fez por uns dois meses, gratuitamente em ambos os sentidos da palavra, buscando desviar um pouco os pensamentos da pobre mãe ferida de morte. Era, então, um jovem de 20 anos.

Bem mais tarde, José Guilherme servia como secretário da Embaixada do Brasil na França. Afonso, ele e eu tomávamos, em Paris, um vinho Bordeaux no terraço sobre a rua. Mais a ouvir do que participando, prestei atenção na conversa dos dois. A diferença de idade era maior do que a de pai para filho, mas isso não se sentia a nível intelectual e cultural, equivalente entre ambos. A inteligência e a cultura de Merquior deram-me a impressão de uma lâmpada de 120 watts ligada em corrente de 220 volts. Brilhava com enorme intensidade, mas se queimaria logo. Foi o que aconteceu.

José Guilherme participou, com Afonso Arinos, de seminário dedicado pela Universidade de Brasília a Raymond Aron. Finda uma sessão, Afonso e Raymond estavam-se afastando de automóvel quando José Guilherme os deteve, disse algo a Arinos e, depois, o carro prosseguiu. Então, o escritor francês comentou com Afonso: "Esse menino leu tudo. Em verdade, tudo."

Conversamos pela última vez quando me telefonou para Haia da Delegação do Brasil na Unesco em Paris, onde era embaixador. Pedia-me para buscar na Holanda a versão neerlandesa do livro que escrevera sobre Foucault. Pude, assim, dedicar ao autor uma obra sua traduzida em idioma por ele desconhecido.

Trataram-no em Paris como se sofresse de anemia, mas tinha um tumor maligno no abdômen. Quando a medicina francesa acordou, já era tarde. Desenganado, tentou, em vão, cirurgia de última instância nos Estados Unidos. Partiu aos 49 anos. Foi não só o acadêmico mais jovem da sua época, como um dos mais preparados em todos os tempos.

* * *

Nunca exerci o jornalismo como profissão, só ocasionalmente. Todavia, meus amigos mais próximos foram jornalistas. Dentre eles, o maranhense Odylo Costa, filho, muito ligado a Virgílio e Afonso, faleceu enquanto eu morava no Porto, como cônsul-geral do Brasil. Sua casa em Santa Teresa foi ponto de encontro do que havia de melhor na literatura e no jornalismo do Rio de Janeiro. Manuel Bandeira, Afonso Arinos, Pedro Nava, Carlos Castello Branco, Heráclio Sales, Villas-Boas Correa apareciam com frequência. Odylo reunia também políticos. Lá conheci o jovem José Sarney, deputado pelo Maranhão, e o futuro diplomata José Guilherme Merquior, ainda adolescente. Quando secretário da nossa Embaixada na Itália, fui também correspondente do *Jornal do Brasil*, a convite de Odylo, que editava o jornal, e, mais tarde, o hospedaríamos na Suíça, onde eu era cônsul em Genebra.

Bia e eu estávamos na Holanda como embaixadores ao perdermos Otto Lara Resende e Carlos Castello Branco, um após o outro.

Cheguei a Otto através de Helena, filha de Israel Pinheiro. As casas de nossos pais em Copacabana eram fronteiras. Seu avô João Pinheiro falara à beira do túmulo do meu bisavô Cesário Alvim. Ambos haviam governado Minas Gerais nos primórdios da República. Conformando-nos aos hábitos da tradicional família mineira, partilhei, com os irmãos de Helena, a agradável missão de acompanhá-los durante o noivado, quando passeávamos nós três de automóvel. Otto, na segunda curva que tentou dobrar, bateu com o carro do tio dela em um poste.

Assisti-lhes ao matrimônio. Pouco depois, Bia e eu nos casamos, e fomos morar na mesma rua da Gávea. Lá, no apartamento de Otto, se encontrava a nata da jovem imprensa do Rio naquela época.

Fui colaborador internacional da revista *Manchete* enquanto Otto a editava. Helena e Otto hospedaram-nos em Bruxelas, onde ele era adido cultural, e nos mostrou a Grande Place, que, segundo Manuel Bandeira, vale só ela uma viagem à Europa. Levou-nos à linda Bruges, com seus canais, e a Gand, para ver o *Cordeiro místico*, de Jan Van Eyck, um dos mais belos quadros do mundo. Na Itália, alugamos juntos uma casa de praia em Fregene, e fomos a Castelgandolfo, para grande surpresa da sua pequenina Cristiana, ao constatar que o papa era gente.

Passamos outra temporada em uma quinta no Alto Minho, em Portugal, das concunhadas Maria Cristina (Kiki) e Sílvia Maria (Vivi) Almeida Braga, primas-irmãs de Bia e minha, respectivamente. Nessa viagem de automóvel, que fiz para encontrarmos Bia na quinta, com Helena e Otto a partir de Lisboa, onde ele era adido cultural na Embaixada do Brasil, o casal levava a recém-nascida temporã, ainda sem nome. Assim, durante toda nossa estada em Portugal, ela recordou provisoriamente ao pai a Maria-Pão-de-Queijo, nome com que era conhecida uma figura popular na sua São João del-Rei.

Na última vez em que estive com Otto, passávamos férias no Rio, e ele pediu a Helena para ouvir minha opinião sincera: a moça mais bonita vista por mim no Brasil fora sua filha Helena Cristina, a Maria-Pão-de-Queijo.

Quando Rubem Braga se recusou a operar o tumor maligno que o levaria à morte, Otto passou a visitá-lo diariamente, fazendo-lhe companhia até o fim. Mas ficou tão impressionado ao cumprir 70 anos em 1992, que não quis celebrá-los. Preferiu fugir do Brasil com Helena. Sua intuição estava certa. No mesmo ano, tocou o telefone da chancelaria da Embaixada do Brasil em Haia. Era Beatriz, ao anunciar-me de casa, chorando, a morte do nosso amigo, vítima de infecção hospitalar. Eu trouxera uma jovem diplomata para almoçar conosco. Mesmo assim, só o esforço que fiz para controlar a emoção de Bia me ajudou a conter a minha.

No ano seguinte, Castello hospedou-se conosco na Holanda por alguns dias, como já o fizera na Suíça e, por duas vezes, na Itália. Ele ainda nos tinha visitado quando morávamos nos Estados Unidos, porém agora, como Élvia, sua esposa, me confirmaria depois, desconfiava que o câncer voltara. Quando a moléstia o feriu pela primeira vez, buscou tratar-se na América, e veio se despedir em nosso apartamento do Rio. Na ocasião, Afonso lhe emprestou o terço de ouro que guardava sempre no bolso, Bia deu-lhe a sua Virgem de Fátima, e eu a minha Santa Rita dos Impossíveis. Élvia o via calado, com a mão no bolso onde pusera o terço. Achava que talvez rezasse. Contudo, Castello superou a crise.

Em Amsterdã, levei-o a ver a *Ronda da noite*, de Rembrandt. Sentou-se diante da tela e dispensou os demais quadros do museu, que percorremos sem ele. Era, porém, a visita de despedida. Bia viajou ao Rio quando Castello já estava no fim, e foi ao hospital para vê-lo, mas em vão. O nosso amigo tentara uma cirurgia *in extremis*, sem êxito.

* * *

Como de hábito, eu lhe havia enviado ao Brasil os originais de *Atrás do espelho*, o novo livro que desejava publicar, porém um diplomata nosso companheiro me transmitiu seu triste recado de que não teria mais tempo para lê-los. Leu-os outro jornalista amigo, Evandro Carlos de Andrade, que sugeriu acrescentar-lhe o subtítulo *Cartas de meus pais* como explicação do conteúdo da obra, e a revisão final fê-la Antônio Houaiss. A razão de ser do livro, publicado em 1994, foi a correspondência que Afonso e Anah, durante cerca de quarenta anos, me enviaram do centro da vida política, diplomática, literária e cultural do Brasil, narrando tudo ao filho ausente.

Em 1998, comemorávamos o aniversário de Otávio Melo Alvarenga, presidente da Sociedade Nacional de Agricultura. O festeiro Otávio organizara uma noitada musical no playground do seu prédio, para a qual cada convidado contribuiria como pudesse e quisesse. Havia piano, flauta e microfone. Eu me acompanhava ao violão na mocidade, e fui dos que cantaram na festa. Alguém propôs organizarmos um grupo, mas objetei não ter idade para aparecer em programa de calouros. Então Cecília, esposa de Augusto Boal, nos sugeriu a direção do grande homem de teatro que era seu marido. Aí, a coisa mudava de figura, e formamos o "Chuveiro Iluminado", porque nos considerávamos simples cantores de chuveiro. Devo reconhecer que cantamos com sucesso de público na Casa Laura Alvim e no Planetário do Rio de Janeiro. Tanto que Boal ofereceu-nos uma semana livre no seu teatro em Paris, para nos exibirmos na capital francesa. Mas ele desconhecia que o teatro, recém-reformado, não estava ainda autorizado a funcionar. A emenda foi melhor que o soneto. Boal era amigo de Ariane Mnouchkine, fundadora e diretora do Théatre du Soleil. Por isso, pudemos apresentar em um fim de semana, no Théatre de l'Epée de Bois, instalado na Cartoucherie do bosque de Vincennes, uma *soirée* e uma *matinée* com a casa cheia, por gentileza do embaixador Marcos Azambuja, meu colega e amigo, que nos forneceu sua lista da recepção para o 7 de Setembro na embaixada do Brasil a fim de fazermos os convites, contendo nomes de centenas de brasileiros residentes em Paris,

Ainda em 1998, publiquei um verdadeiro diário de guerra que é o livro *Tempestade no altiplano*, contando, com detalhes, o drama histórico, político e humano por mim vivido e presenciado na Bolívia durante a narcoditadura do general García Meza *et caterva*.

Tramonto

* * *

Em 1999, morreu a velhinha bondosa que, há um quarto de século, morava conosco, criando nossos filhos, cuidando da casa. Suave, discreta, sem incomodar, reivindicar ou se queixar. Sempre desambiciosa e desinteressada, Sylvia Moscoso vivia para Beatriz, sua filha, para os netos e bisnetos.

E veria a luz *Ribeiro Couto e Afonso Arinos/ Adeuses*, livro resultante da pasta intitulada *Adeuses*, contendo poesias inéditas de Ribeiro Couto, que ele deixara à esposa com instruções para entregá-la a Afonso, com versos que Couto não tivera tempo para publicar. Encontrei-a entre os papéis de meu pai, após sua morte. Então, aproveitei a ideia de escrever um livro sobre amizades entre escritores, que fora de Arinos, para narrar as peripécias da relação entre ambos, e divulgar os últimos poemas de um grande poeta brasileiro.

No mesmo ano, telefonou-me Antônio Carlos Magalhães, então presidente do Senado Federal. Ele estava preparando uma coletânea composta por gravações de discursos políticos, que intitularia *Grandes momentos do parlamento brasileiro*, e desejava abri-la com a fala dramática de Afonso Arinos pedindo a renúncia de Getúlio Vargas em consequência do escândalo causado pelo assassinato de um major da Aeronáutica por obra da guarda pessoal do presidente da República. Eu possuía o disco em cera, gravado em 1954. Não tinha objeção pessoal à sua divulgação, mas alegava a Antônio Carlos que Afonso nunca quis escutá-lo. Vinte anos depois, Arinos chegara a prestar depoimento publicado em seguida sob o título "Começo a condenar os que o condenaram". Conversamos longamente, e Antônio Carlos ponderou que, um quarto de século mais tarde, aquilo já era História. Autorizei, enfim, que a gravação fosse incluída na coletânea, e ele prosseguiu dizendo que desejava editar, pelo Senado, as alocuções parlamentares de Afonso Arinos. Tinha quem fizesse a escolha dos textos, mas preferia que eu me incumbisse da tarefa. Meu pai manifestara, nas memórias, o desejo de escrever um livro sobre sua atuação parlamentar, mas, como em outras oportunidades, lhe faltou tempo útil para fazê-lo. Antônio Carlos vinha, agora, cumprir-lhe a vontade.

Afonso assumiu sua cadeira na Câmara dos Deputados em 1947, e, daí até à morte, exerceria cinco mandatos durante 24 anos, 12 anos na Câmara e 12 no Senado. As quase duas décadas em que permaneceu afastado do Congresso, de 1967 a 1986, se deveram à recusa de disputar qualquer eleição sob o regime militar. Em 1986, ele seria novamente eleito senador, para a Assembleia Nacional Constituinte. Mas, de 1947 a 1967, falara e escrevera tanto, em plenário e nas comissões, que a seleção por mim empreendida no livro que chamaria *Afonso Arinos no Congresso*, publicado em 1999, implicou a necessidade de escolhas radicais. Comecei por limitar-me a um número predeterminado de orações. Os deveres da liderança com que cedo Arinos foi incumbido, somados a uma inesgotável capacidade de trabalho intelectual, elevaram suas falas a muitas centenas de intervenções. Optei por descartar os pareceres dados nas comissões (ele já publicara os que considerava mais relevantes) e manter a atuação em plenário, selecionando cem discursos, os quais, distribuídos no tempo em que Afonso exerceu os mandatos de deputado e senador, somam, aproximadamente, quatro discursos por ano, ou uma fala por trimestre. São discursos longos, e densos de substância, pois o orador não suportava, nessa matéria, o *small talk*. Mesmo assim, não foram demasiados, para quem esteve sempre no olho das tempestades que, no seu tempo, fustigaram as políticas interna e externa brasileiras.

Alberto Venâncio Filho, advogado e sucessor de Afonso Arinos na Academia Brasileira de Letras, costumava combinar, com seus amigos diplomatas aposentados residentes no Rio, almoços mensais no restaurante Mosteiro. Telefonou-me, um dia, para nos reunirmos ao embaixador e historiador Evaldo Cabral de Melo no hotel Ouro Verde. Gostei da ideia, pensando que o encontro periódico fora transferido para a zona sul da cidade, de acesso mais fácil para nós. Porém a razão do convite era outra, e me surpreendeu totalmente. Os dois companheiros sugeriam minha candidatura à Academia Brasileira de Letras na primeira vaga a se abrir.

Eu nunca havia pensado nessa hipótese tão honrosa. Jamais me considerei escritor contumaz, porém bissexto, conforme os diferenciou Manuel Bandeira nas *Crônicas da província do Brasil*. Era sobrinho-neto, filho e homônimo de dois acadêmicos, Afonso Arinos e Afonso Arinos de Melo Franco. Mas, pouco depois, o ilustre Antônio Houaiss, meu amigo por 45 anos, agonizava em estado terminal.

Excelente gastrônomo, Houaiss dava o braço a Bia ao pesquisarmos restaurantes na rue Marbeuf, em Paris. Como ministro da Cultura, fez de meu irmão Francisco diretor do Patrimônio Histórico.

Tramonto

No fim da vida, já viúvo da sua querida Ruth e almoçando comigo, no Albamar, Houaiss me disse sentir-se em fase pós-agnóstica e pré-cristã. E completou: "Acho que estou ficando místico." "Por quê, Antônio?" Indicou a cadeira desocupada em nossa mesa: "Ruth está ali." Até então, não me lembra tê-lo visto preocupado com o Transcendente.

Antônio Houaiss era meu amigo e colega no Itamaraty desde 1954, quando foi temporariamente afastado por denúncia ideológica. Eu o sucedi no Pen Clube ao ser ele alçado à categoria de sócio emérito, ocasião em que chorou ao ouvir a fala por mim proferida a seu respeito. Afonso Arinos o recebeu na Academia, trabalharam juntos nas Nações Unidas. Antônio enriqueceu com densa e importante introdução biobibliográfica sobre o autor a segunda edição do livro de meu pai *Um estadista da República — Afrânio de Mello Franco e seu tempo*, e colaborou com Afonso e Francisco de Assis Barbosa na redação da *História do povo brasileiro*, editada por Jânio Quadros.

O grande lexicógrafo labutou até o fim da vida no seu *Dicionário Houaiss da Língua Portuguesa*, escrevendo em nossa casa que Bia herdara, e eu quis homenageá-lo ao lhe fazer o elogio, quando resolvi disputar sua sucessão na Academia Brasileira em 1999.

Na campanha eleitoral, concorri com Ivan Junqueira, excelente poeta, muito mais literato do que eu. Venci, e tive o prazer de votar em Ivan na eleição seguinte, embora triste porque o pleito havia sido convocado para preencher a vaga aberta pela morte do grande João Cabral, outro velho amigo e companheiro, de Antônio Houaiss e meu.

Para me receber na Academia, convidei José Sarney. Só assim pude agradecer-lhe o privilégio que me concedera quando presidente da República, ao nomear-me embaixador do Brasil no Vaticano.

Mais tarde, acolhi, para membro correspondente da Academia Brasileira de Letras, Luciana Stegagno Picchio, aluna e discípula dileta de Murilo Mendes na Universidade de Roma, onde ele sucedera Sérgio Buarque de Holanda na cátedra de cultura brasileira. Luciana organizou e publicou a obra literária de Murilo, com grande benefício para a literatura nacional. Foi, ainda, sua confidente na profunda crise de angústia existencial que atormentou os últimos tempos da vida do amigo. O poeta estava "apavorado" com a perspectiva da "morte, o fim do livre-arbítrio". Mas me disse, certa vez, que considerava razoável a descrença em Deus, porém impossível não acreditar no demônio. Para senti-lo, bastava olhar em volta.

Depois, eu receberia, para membro titular, a grande conhecedora e mestra da língua e literatura portuguesas no Brasil, Cleonice Berardinelli, ainda Seroa da Mota enquanto minha querida professora no colégio, antiguidade que lhe permitiu conceder-me o privilégio da opção entre três outros acadêmicos, estes também seus ex-alunos, mas quando já universitários.

Tive, enfim, a honra de saudar em nome da Academia o ilustre historiador José Murilo de Carvalho. Murilo me contou que eu fora o único mineiro a votar nele.

Em 2011, instado pelo seu presidente, eu seria eleito para a Academia Mineira de Letras.

Vimos João Paulo II pela última vez quando estivemos em Roma no Grande Jubileu do ano 2000, e o Cerimonial do Vaticano nos restituiu amavelmente à tribuna do corpo diplomático, que tanto frequentáramos enquanto eu era embaixador junto à Santa Sé. Mas ele já caminhava com dificuldade, arrastando-se sob o peso do mal de Parkinson que o levaria ao túmulo.

Bia observou-lhe os mocassins usados, já gastos. E me lembrei dos calçados vermelhos de Pio XII, que Bento XVI retomaria no século XXI com o camauro, gorro de veludo vermelho e branco, como o do Papai Noel. Recordei Pio XII portando a tiara, um pajem negro de cada lado a refrescá-lo com abanos de penas de avestruz. Guardavam-no, postados atrás do trono, dois príncipes romanos, Marcantonio Colonna e Filippo Orsini. Este trocaria o privilégio da vizinhança papal pelas graças mais tangíveis de Belinda Lee, formosa atriz americana. Isso foi antes do Concílio Vaticano II, após o qual cessou muito do tratamento quase medieval até então conferido aos pontífices.

Sucedeu ao grande papa polonês, em 2005, outro pontífice não italiano, o alemão Bento XVI, teólogo ilustre, ex-prefeito da Congregação para a Doutrina da Fé. Enquanto morei em Roma, só vi o futuro papa a caminhar na praça, e participando de capelas papais na Basílica de São Pedro, pois o cardeal Joseph Ratzinger não tinha o hábito de frequentar eventos sociais na cidade, costume de vários purpurados. Bento XVI renunciaria à cátedra de Pedro, como o santo eremita Celestino V, eleito no fim do século XIII. Este último foi sucedido pelo papa Bonifácio VIII, ex-cardeal Caetani, que o aprisionou até à morte. No Palácio Caetani, atual sede da embaixada do Brasil no Vaticano, fui chefe de missão, e Bia embaixatriz.

Tramonto

* * *

Era intenção de Afonso Arinos, não expressa por ele, mas ditada e publicada na imprensa, escrever um livro sobre sua passagem pela política externa brasileira, incluídos o Itamaraty, as Nações Unidas, as conferências internacionais e interparlamentares. Afonso já o fizera parcialmente em *Planalto*, terceiro volume das memórias, mas sem responder ao muito que se falseou, mentiu e caluniou acerca da sua atuação naquela área, por motivos gratuitos e não gratuitos. Procurei cumprir aquele desejo da forma mais completa que me foi possível, em *Diplomacia independente*, publicado em 2001.

Em 2002, eu quis apresentar, no livro *Perfis em alto-relevo*, um punhado de homens, alguns parentes e outros não, os quais, em atividades variadas, foram exemplo para a elite de brasileiros que busca servir o bem comum do nosso pobre povo, em lugar de valer-se das oportunidades a eles oferecidas pela política patrimonialista, tradicional no Brasil, a fim de conquistar cargos e adquirir fortuna pessoal.

Quando o generoso Lêdo Ivo tomou a iniciativa de propor à Academia Brasileira de Letras a concessão, em 2005, de um Prêmio Afonso Arinos por ocasião do centenário do nascimento de meu pai, acrescendo-a com a sugestão de editar-lhe os ensaios, o plenário acadêmico me conferiu a incumbência de coordenar essa missão impossível. Afonso levara seis décadas a redigir e publicar ensaios em livros, revistas e jornais. Reuni-los equivaleria a entregar à Academia a edição, não de um volume, mas de quase uma biblioteca. Optei, então, por excluir todos os escritos já constantes de livros, inclusive a guisa de prefácios a obras alheias. E editei o remanescente em um alentado volume ao qual dei o nome de *O espírito e a ação*, que é o título de um daqueles ensaios.

Em 2006, publiquei *Mirante*, que o jornalista e acadêmico Luiz Paulo Horta chamou, justamente, o meu "diário do entardecer", como *Tramonto* o é do anoitecer. Poente, ocaso, as traduções portuguesas do título deste último livro lhe descobrem intenções muito claras. Já em *Mirante*, eu quis trazer de volta a lembrança de pessoas e lugares amados, vendo-me no meio de uma clareira cada vez mais ampla, enquanto as árvores ao redor vão sendo derrubadas, e apoiado no sentimento da esperança, talvez, no meu caso, o mais forte dos que levam a Deus.

Afonso Arinos projetava escrever em seu último livro, que denominaria *Rosa de ouro*, um estudo sobre a explosão cultural que caracterizou Minas Gerais na segunda metade do século XVIII. Ele partiu em 1990, e a rosa ficou em botão, esboçada e incompleta, reduzida ao primeiro capítulo, como derradeiro hino de amor e de louvor à terra natal. Mas, se não concretizou o projeto, deixou pegadas para que eu pudesse, ao menos parcialmente, seguir a trilha visada pelo autor. Suas pétalas haviam sido espargidas por toda a vida literária de Afonso. Minha intenção era reuni-las nesse livro, com o título que Arinos tinha em mente. Eu já havia publicado, depois do seu falecimento, as obras que ele imaginou e não teve tempo para escrever, sobre sua ação, intensa e exemplar, empreendida no parlamento e na política externa. Assim, meu objetivo foi não esquecer, em 2007, que o mineiro velho voltara as vistas e o coração, no fim da vida, ao seu Estado, para fechar uma das obras literárias mais fecundas da grande geração intelectual a que pertenceu.

A Academia Brasileira de Letras criou uma coleção de pequenos livros básicos, contendo biografia, bibliografia e antologia de acadêmicos falecidos, pedindo-me que preparasse aqueles dedicados ao meu antecessor, Antônio Houaiss, e ao segundo Afonso Arinos, meu pai. Então, aproveitei a oportunidade que se me oferecia para escrever mais um, sobre o primeiro Afonso Arinos, meu tio-avô. Recordando, com isso, três acadêmicos que me foram próximos por razões de família ou profissão.

Não obstante a vida sobrecarregada de filhos, trabalhos e graves crises de saúde física e psíquica, a perda irreparável do primogênito, inquietações e angústias constantes, a ingenuidade nunca deixou de aflorar na alegria espontânea de Bia, na inocência da menina que, desde pequena, gostava de chupar balinhas. Ela vivia e revivia, em pensamentos e palavras, o espírito da infância no Humaitá, preservado pela lembrança da grande casa em que nascera, entre a avó, os pais, as tias, os tios a protegê-la quando jogava futebol com eles, brincando com primas e primos no terreno extenso, cheio de frutas brasileiras, e percorrendo a vizinhança onde se extinguiu, tantos anos depois, a infância luminosa do nosso filho Virgílio.

Tramonto

* * *

Um dia, ao findar o ano de 2001, Beatriz almoçava comigo quando percebi que seus talheres batiam desordenadamente na borda do prato. Levei-a ao neurologista, que diagnosticou a mesma moléstia irreversível, progressiva e incurável de João Paulo II, agravada pelo enfisema extenso do qual sofria nos dois pulmões, pois fumara desde a juventude. Senti, por ela e com ela, o mistério do sofrimento dos justos. Adentramos um túnel iluminado pela esperança e pelo amor. A luz no fim do túnel vinha do Homem das Dores.

Bia ainda decorou lindamente, celebrando nossas bodas de ouro em 2005, a antiga capela da chácara da rainha Carlota Joaquina, quase na esquina do prédio onde moramos na Praia de Botafogo, enchendo-a de flores amarelas. E, eterna *enfant de Sion*, pediu que fosse tocada na missa a canção "No céu, no céu,/ com minha Mãe estarei".

A capela, que frequentamos juntos enquanto ela pôde caminhar na rua, está hoje entregue a padres poloneses. Passara, com a chácara, às mãos do marquês de Abrantes, padrinho de Joaquim Nabuco, que ali se casou.

João Paulo II foi beatificado em 1º de maio de 2011. Na vigília da festa de beatificação, a 30 de abril de 2011, Virgílio veio buscar Beatriz.

Em 1953, contemplado com um estágio nas Nações Unidas pelo bom desempenho ao findar o Curso de Preparação para a Carreira de Diplomata, do Instituto Rio Branco, conheci-a quando ela cursava a New York School of Interior Design and Decoration, apresentados por um colega e amigo diplomata. Era atraente, alegre, sincera, espontânea, encantadora. Ouro em pó, como a definia uma amiga de sua mãe. Tão bela por dentro quanto por fora. Afonso Arinos reconheceu um dia: "Bia é mais bem educada do que nós."

Começamos logo a namorar, e nos unimos no Rio, dois anos depois. Monsenhor Joaquim Nabuco, o celebrante, disse-me mais tarde, com razão, que eu me casara com a alma dela. A capela da então Universidade do Brasil, no antigo hospício imperial, em que se havia celebrado o matrimônio, incendiou-se dias antes do seu falecimento, como a antecipar o fim da nossa vida em comum por mais de 55 anos.

O primogênito ainda nasceu no Brasil. Virgílio (assim batizado em memória do tio-avô), morreria às vésperas de completar 6 anos. Dele já se ocupara o Livro da Sabedoria: "Tendo vivido pouco, cumpriu muito tempo, porque a sua alma era agradável a Deus. Por isso, Ele se apressou a tirá-lo do meio das iniquidades." O segundo filho já viu a luz na Itália, para onde fôramos enviados.

Então, sucederam-se, em sete meses, quatro graves crises para a saúde de Beatriz. Um aborto acidental, consecutivo à perda das águas; uma gravidez extrauterina, com ruptura da trompa, hemorragia interna e princípio de peritonite, ainda em Roma; já em Genebra cirurgia para extrair o ovário, onde um quisto a fazia sofrer, há anos, fortes dores; e, no dia em que devia deixar o hospital, um hematoma no local operado, com hemorragia interna, exigiu nova intervenção cirúrgica. Nesse ínterim, Bia descobriu que estava grávida outra vez. O médico suíço propôs um aborto, que recusamos. Foi ter o nosso terceiro homem em Viena, meu novo posto diplomático. Aí, os abalos físicos já lhe haviam comprometido, para sempre, o sistema nervoso.

Mas estas consequências nunca lhe alterariam a alma, movida invariavelmente por amor. Amor pela família, pelos amigos, pelos colegas, pelos servidores, pelos pobres, pelos humildes, por todos a quem julgasse que uma palavra ou uma ação pudessem favorecer. Bondade e doçura se revelavam em cada olhar seu, em cada gesto, em cada atenção, em cada intenção. Não conhecia artifícios. Jamais mentiu, ou fingiu.

Bia procurava vestimentas, agasalhos e calçados para presentear-me, enquanto teve forças para caminhar. Doava os próprios pertences, os práticos às servidoras, os valiosos às descendentes. Mas, sobretudo, se dava aos outros. Pensava sempre neles, no que fazer por eles, tomava a iniciativa de aconselhar, de apoiar, de ajudar. Nem conseguia esconder sentimentos, ou emoções. Sua transparência era cristalina, intuitiva, impulsiva, sempre voltada para o bem. Espontânea, generosa, incapaz de hipocrisias, adulações ou ambições rasteiras.

Foi a companheira inseparável, indispensável, insubstituível, atenta, solidária por toda a nossa vida doméstica, familiar, social e profissional, na diplomacia e na política. Sei que não lhe retribuí o devido, nem lhe dei o que podia esperar de mim. Para ajudar-me quando estive mergulhado em depressão profunda, encontrou justamente um jovem abade beneditino espanhol especialista em Miguel de Unamuno, o grande escritor basco que passara por crise análoga à minha, descrita no seu *Diário íntimo*.

Sempre interessada pelas artes, tinha o maior bom gosto em tudo que tocava, fazia, imaginava. Passou do desenho para a escultura, dos arranjos de flores à pintura em porcelana, e, ceramista de excepcional qualidade criativa, ia da composição de belas obras à feitura de peças bonitas e práticas para uso doméstico. Como, para ela, ser artista significava criar, creio que a reforma das modestas joias com as quais era presenteada lhe fazia sentir o prazer da criação. Decoradora instintiva, atenta a objetos, móveis, cores e tecidos, vestia-se com esmero e elegância, mas sempre discreta, sem afetação.

Mulher forte, enérgica, ativa, trabalhadora compulsiva (lembro-me dela cozinhando, lavando e passando roupa, vestindo as crianças, arrumando a casa, se ocupando das compras, durantes meses em que ficou sem qualquer apoio doméstico em Genebra), mas com saúde sempre frágil. Nunca, porém, se queixou. Nem mesmo quando a síndrome parkinsoniana, se agravando progressivamente durante dez anos, limitou-lhe a capacidade de se locomover.

Veio, enfim, o golpe de graça. Internaram-na com nova pneumonia, descobrindo que era causada por obstrução pulmonar, devida a um tumor maligno no brônquio, com metástases ósseas e orgânicas. Antes de voltar para casa, onde expirou, vendo-se reunida aos filhos e marido no hospital, despediu-se com simplicidade. Disse-nos que, quando moça, tinha muito medo da morte, mas, agora, não a temia mais. Existia um tempo para viver, e uma hora para morrer. Tinha cumprido a sua parte, só sentindo que não pudera fazer ainda mais por nós. Já não falava quando seu coração se acelerou ao ouvir notícia do filho que por fim fora aceito em concurso cujo resultado favorável aguardava havia anos.

Algum tempo antes, eu observara que ela não merecia todo aquele sofrimento, mas respondeu apenas: "Deus sabe." Contou-me nossa filha Sílvia que a mãe a confortou, após a morte de Pedro, seu namorado português, em horrível acidente automobilístico no Porto, onde faleceram mais três companheiros, dizendo-lhe: "Deus é tão bom que transforma todo o teu sofrimento no bem alheio."

Beatriz ensinou-me a viver. Queira Deus me ensine igualmente a morrer. Ele não uniu apenas os nossos corpos. Nem nos ligou até que a morte nos separasse, mas para sempre. Sinto-a mais próxima do que nunca, dentro de mim. Para o padre Teilhard de Chardin, "chego a Deus naqueles que amo, à medida que eles e eu nos espiritualizamos cada vez mais".

No meu livro *Primo canto*, invertida a visão dantesca, Virgílio me indicava o caminho do Céu, enquanto Beatriz, anjo moreno e bom como o de

Manuel Bandeira, conduzia-me entre os escolhos da passagem. Bia me pedira que, ao sepultar nosso filho, lançasse uma rosa sobre o caixão de Virgílio. Na primeira vez em que visitou o túmulo comigo, e já regressava, o florista correu ao seu encalço, lhe restituindo, sem explicações, uma rosa encarnada.

Agora, neste *Tramonto*, ao findar um itinerário já longo, e cair o dia cuja luz era ela, também Bia me aponta o alto.

Posfácio

(extraído de uma carta de Constança Hertz)

Caríssimo Afonso,
Que lindo presente eu e Marco tivemos ao ler seu belíssimo *Tramonto*!
Ao ler seu livro experimentei sentimentos vários — seu humor fino me fez rir em diversos momentos e me emocionei também em vários outros trechos. Sempre me emociono, sempre, com a verdade do afeto e foi isso que encontrei em suas memórias...
Adorei o modo como ficaram entrelaçadas, em sua narrativa, a sua história de vida e a história recente do Brasil, com muitos acontecimentos que podemos enxergar sob nova luz, a partir do seu olhar. E admiro muito a sua coragem, ao abordar sem medo situações e pessoas tão controvertidas. Gosto sempre de ver pessoas como você, com firmeza de caráter, e isso transparece em seu livro, como não poderia deixar de ser...
Em uma narrativa saborosíssima, pude ver uma vida rica em afeto, desde o início! Adorei entrever, a partir de seu texto, uma Copacabana que mal consigo imaginar, tão diferente da que conhecemos hoje!
E vi também que os momentos de perda e luto da sua família, em seu livro, estão ao lado de uma força que foi sempre em direção à vida.
Fiquei muito emocionada ao ver a linda homenagem que você faz à sua doce e generosa Bia. O início com Ribeiro Couto, o encerramento com Dante (e Virgílio...). Ficou muito bonito!

Eu me emociono ao ver uma relação profunda como a de vocês, com a abertura que sempre tiveram para a vida e para afetos profundos, e os frutos estão aí, com a linda família que construíram. Eu acho que a Bia precisou descansar, e não tenho dúvida de que ela continua a cuidar da linda família que construiu ao seu lado...

Eu e Marco realmente nos deliciamos com a sua linda narrativa — para nós dois foi, de fato, um presente!

Estive poucas vezes com a querida Bia, mas pude ver nela a delicadeza e a generosidade que aparecem com tanta clareza em seu livro...

Eu adoro ler memórias (Marco também) e queria agradecer: muito obrigada pelo privilégio da leitura de sua deliciosa narrativa, além de tão bela!

Com um abraço agradecido,

Constança

Conheça mais sobre nossos livros e autores no site
www.objetiva.com.br
Disque-Objetiva: (21) 2233-1388

Este livro foi impresso na
LIS GRÁFICA E EDITORA LTDA.
Rua Felício Antônio Alves, 370 – Bonsucesso
CEP 07175-450 – Guarulhos – SP
Fone: (11) 3382-0777 – Fax: (11) 3382-0778
lisgrafica@lisgrafica.com.br – www.lisgrafica.com.br